ビジネス中国語読解力養成システム

ビジネスリテラシーを鍛える中国語 I

論説体長文読解力の養成と経済・産業政策理解

三潴正道+金子伸一+王恵玲+盧恵恵=著

朝日出版社

ご挨拶
3ステップ方式［ビジネス中国語読解力養成システム］立ち上げに寄せて

　近年、日中の経済関係は、激動する国際経済とビジネス環境の中で年々発展を見せ、いまや、世界有数の2国間経済関係を構築するに至りました。特に、中国国内市場の急速な成長は日本企業にも多くのチャンスを提供していますが、その過程で、緊急に克服すべきいくつかの重要な問題も露呈されています。

　その1つに日本企業の対中ビジネス要員の素養の問題があります。中国の歴史文化はもとより、現代事情をほとんど理解していない、中国語が話せない・読めないという中国ビジネス担当者が多数を占めている現状は、対中ビジネスの大きなリスクにさえなっています。

　日本経済が低迷する中、日本経済の過去の優位性に胡坐をかき、「良いものを作っていさえすれば売れる」という観念から脱皮しなければ、結局は他力本願になってしまいます。「現地化」という聞こえのいい言葉を「中国がわからない、中国語ができない」ことの隠れ蓑にし、結局、中国人に丸投げして必要なチェックもできず、相手からも信頼されない、そんなビジネス運営がうまくいくはずがありません。

　中国人がタフネゴシエイターであることは事実です。だからこそ、正面から中国と向かい合い、歴史文化はもとより現代事情をよく理解し、自ら中国語で情報を収集し分析できることが大切になります。その上での「現地化」であってこそ、本当の信頼関係を築き、実りあるビジネスが可能になるでしょう。

　ビジネス中国語の内容というと、ともすればビジネス用語を散りばめた会話中心が多いのですが、その必要性は別にして、現代は何よりインターネットなどから中国語で膨大な情報を採集する能力が必要です。さらに、法律文書、商用文書の読解力も欠かせません。

　こういった読解養成のための「商務漢語」のテキストはすでに中国でも次々と良書が出版され、検定試験も始まっていますし、日本でも商用文書読解の良書は何冊か出版されています。しかし、残念なことに共通した大きな欠陥があるため、うまく機能していません。それは一般的な会話中心の中国語を習得した者に対して、架け橋となる論説体中国語の基礎を、文の構造・語用論・修辞などの側面から丁寧に教える教育課程がすっぽり抜け落ちていることです。話し言葉の基礎を習得した者に突然、政治・経済・社会の諸問題を論じた論説文や専門的な文書を丸ごと講じ、しかも教師が会話体と論説体の違いを体系的に説明できるケースがほとんどないのでは、せっかくの教材も検定試験も空回りしてしまいます。

　本システムはこの現状を詳細に分析し、3ステップに分けたカリキュラムを編成しています。幸い、各ステップに応じた優れた専門家を日中双方で結集することができました。

　第1ステップは論説体中国語の文法・語彙・修辞法読解基礎訓練を目的とした「ビジネス中国語読解力養成講座」、第2ステップは論説体長文読解力の養成と経済・産業政策理解を目的とした「ビジネスリテラシーを鍛える中国語Ⅰ」、第3ステップは中国語法律・商用文書読解力の養成と内容理解を目的とした「ビジネスリテラシーを鍛える中国語Ⅱ」で構成しています。本書はこの第2ステップに当たります。

　中国ビジネスに携わる企業や関係官庁、また、マスコミや通訳関係の方などが、各ステップを効果的に活用されることでいささかでもお役に立てれば幸いです。

麗澤大学教授　三潴正道
2012年3月

まえがき

　本書は、3ステップ方式［ビジネス中国語読解力養成システム］の第2ステップに位置づけられ、論説体長文読解力の養成と経済・産業政策理解を目的として編集されています。とは言いましても、日本のGDPを上回り世界第2位の経済大国になった広大な中国の経済・産業政策を論ずるものではありません。あくまでも中国語学習の素材を人口問題・企業改革・企業の社会的責任・環境保護・知的財産権などの社会現象に求めたり、中国政府が基幹産業として育成していきたいと表明している新エネルギー産業・新素材産業・新世代情報技術産業やそのほかの各産業分野に求めたりしたに過ぎません。

　変化の速い中国経済も、政府の政策提言等を読み解く力があれば変化の方向性が分かります。第12次五カ年計画（2011年～2015年）の中国語原文や省庁が公表する各種の政策提言に触れたことのある方はすでにお気づきと思いますが、そうしたところで書かれている文には句点の少ない長文が多かったり、「中国政府は」というような主語のない文が多かったりします。各課のテキスト文には、敢えてそうした類の文も取り上げています。正しく理解する術を学び、それぞれの分野におけるキーワードをきちんと覚えることが大事です。本書では、そのためのプロセスを提供できていると思いますので、活用していただければ幸いです。

　本書を作成するにあたり主編者として次のような点に留意しました。各課の冒頭に、それぞれの分野の【概要】を述べることで社会現象などの大まかな文脈を把握していただき、後に続くテキスト文には小見出しをつけることで、それぞれの分野におけるハイライト的な事象を浮かびあがらせています。この部分で理解を深められれば、【訳してみよう】や【練習問題】でのキーワード理解がさらに進みます。【コラム】では、メディアに頻繁に登場している時事用語などがよく分かるように説明されています。最後に【文章の日本語訳問題】にチャレンジし、理解を確かなものにしてください。本書は上海財経大学商務漢語研究中心のメンバーと麗澤大学経済総合研究センター内のビジネス中国語教材開発グループのメンバーが中心となり、それぞれの分野での豊富な経験をベースに、よりよいテキスト作成のために議論を重ね、執筆を分担したうえで一致協力して出版に漕ぎつけました。各メンバーのご協力に対し、この場をお借りして深謝いたします。

　本書の出版は、麗澤大学、上海財経大学国際商務漢語教学および資源開発基地、上海財経大学商務漢語研究中心からの資金援助を受けています。最後になりましたが、本書の刊行に多大なご助力を頂いた朝日出版社の中西陸夫様、編集担当の古屋順子様、本プロジェクトを強力に支援して下さいました海外放送センターの山口政宏様に心からお礼申し上げます。

金子伸一
2012年3月

前　　言

　　2012 年是一个不寻常的年份。已经发生、正在发生和即将发生的一切都已经并将继续证明这一点。中日两国恢复邦交正常化 40 周年纪念，就是中日两国人民迎来的一件大好事。40 年来，中日两国之间的友好经济文化交流成果喜人。呈现在我们面前的这套商务汉语系列教材可以说就是这种友好交流的一个见证，也是中日两国语言教学工作者共同献给 40 周年纪念的一份厚礼。说它是一个见证，是因为两国汉语教学工作者历经四十年来在中日两国的汉语教学实践和探索中，顺应当今世界经济一体化的趋势以及中日之间经济文化交流进一步扩大和深化的新需求，将汉语教材和教育水平推向了一个新的高度；说它是一份厚礼，是因为该教材编写理念紧跟时代步伐、内容丰富、体例新颖，为日本各界学习者奉献了一套崭新的与时俱进的汉语教材。

　　本系列教材是由中国上海财经大学与日本丽泽大学的汉语教学工作者共同编著的。20 世纪 90 年代，上海财经大学与丽泽大学签订了两校友好交流协议。十余年来，两校在汉语教学和研究的交流方面一直很活跃。上海财经大学国际文化交流学院在对本院来自近百个国家的留学生，包括丽泽大学中国语科的学生，进行对外汉语教学的同时，充分依托财经大学的学科优势，致力于开发商务汉语教材，在国内外打出了颇具影响的商务汉语特色品牌。而丽泽大学中国语科的几任领导和教授们则身体力行积极教授学生学习汉语。于此同时，三潴正道教授积极开展对日本企业界商务人士的汉语教学，在积累教学经验的同时，编撰了一系列适合受众者的应用型商务汉语教材。面对时代的发展和需求的激增，这种不谋而合的实践和经验在中日双方的汉语言工作者的友好交流中，迸发出了强烈的合作愿望。这个愿望得到了中日两所友好大学的校领导的积极支持和鼓励。

　　迄今，在中国和日本已经面世的汉语教材乃至商务汉语教材可谓百花齐放，不计其数，不乏优秀作品。本教材的编著者积数十年之经验，博采众长，充分听取受众者特别是社会经济企业界人士的意见和需求，在此基础上形成了共识。我们的系列教材依据中国的经济社会文化的实际报道，在内容和体例上都跳出了传统的汉语或商务汉语教材的框框，使学员在提高汉语读写能力的同时，通过学习对中国有更多的更深入的了解和理解。

　　本系列教材（之二）共 30 课，内容涉及中国宏观经济和微观经济的方方面面。如人口、外贸、开放政策、金融证券、社会福利、企业改革、制造业、钢铁业、新能源、生物医药、食品卫生、物流、农业等等、等等。课文的编写体例充分考虑日本学员的特点和要求，注重对学员的阅读和翻译写作能力的养成。编著者对主课文做了正确的中译日的范本，在此基础上让学员做相应的翻译练习；课文中有相关的词语解释，有流行语的介绍；课文还安排了词语练习、翻译练习以及讨论题，着力调动学员们的学习主动性和积极性。

　　在中日两国语言学工作者的合作中，承蒙丽泽大学理事长广池干堂先生和校长中山理先生的关心，并得到上海财经大学国际文化交流学院姚玲珍院长及各位同仁的多方相助。本教材的面世也得到朝日出版社中西陆夫先生和海外放送中心山口政宏先生的大力支持和编辑古屋顺子小姐的辛勤付出。在此一并表示由衷的感谢。

　　本教材的出版得到上海财经大学国际商务汉语教学与资源开发基地（上海）和上海财经大学商务汉语研究中心的资助。

王惠玲
2012 年 3 月于上海

目次

ご挨拶——3ステップ方式［ビジネス中国語読解力養成システム］立ち上げに寄せて …… iii
まえがき……………………………………………………………………………………… iv
前言………………………………………………………………………………………… v

第 1 課	人口 ……………………………………………………	2
第 2 課	経済状況 ………………………………………………	8
第 3 課	開放政策 ………………………………………………	14
第 4 課	企業改革 ………………………………………………	20
第 5 課	対外貿易 ………………………………………………	26
第 6 課	対外投資 ………………………………………………	32
第 7 課	労働 ……………………………………………………	38
第 8 課	経理　財務 ……………………………………………	44
第 9 課	インフラ投資 …………………………………………	50
第 10 課	住宅 ……………………………………………………	56
第 11 課	社会保障 ………………………………………………	62
第 12 課	環境保護 ………………………………………………	68
第 13 課	企業の社会的責任 ……………………………………	74
第 14 課	知的財産権 ……………………………………………	80
第 15 課	銀行　保険 ……………………………………………	86
第 16 課	証券業 …………………………………………………	92
第 17 課	新エネルギー産業 ……………………………………	98
第 18 課	新素材産業 ……………………………………………	104
第 19 課	新世代情報技術産業 …………………………………	110
第 20 課	バイオ産業　医薬品 …………………………………	116
第 21 課	ハイエンド機械設備製造業 …………………………	122
第 22 課	自動車　オートバイ …………………………………	128
第 23 課	エネルギー産業 ………………………………………	134
第 24 課	鉄鋼　非鉄金属 ………………………………………	140
第 25 課	電力産業 ………………………………………………	146
第 26 課	食品　飲料 ……………………………………………	152
第 27 課	小売　サービス業 ……………………………………	158
第 28 課	メディア　文化産業 …………………………………	164
第 29 課	航空　観光 ……………………………………………	170
第 30 課	物流 ……………………………………………………	176

日本語訳例 ……………………………………………………………………………… 182

本文イラスト：叢順日
本文写真：　　徐寿福（p.3、57、69、87、93、117、129、153、159、165）
　　　　　　　三潴正道（p.9、15、21、27、39、51、63、99、123、171、177）

※本文中の太字は、時事用語として注意すべき語句です。

ビジネス中国語読解力養成システム

ビジネスリテラシーを鍛える中国語 I

論説体長文読解力の養成と経済・産業政策理解

三潴正道＋金子伸一＋王恵玲＋盧恵恵＝著

第1課　人口

　　政府の人口抑制策、いわゆる「一人っ子政策」は1970年代後半になって実施され現在に至っているが、人口構成におけるゆがみ、少子化とともに際立ってきた高齢化、それに伴う生産年齢人口の減少懸念、農業部門の余剰労働力が底をつく「ルイスの転換点」をまもなく迎えるというような状況変化が現れており、人口政策の微調整が行われたり根本的な見直しが検討されたりしている。

1　（人口调查结果）中国大陆的人口为13亿3972万人，同2000年第五次人口普查相比，10年增加7390万人，增长5.84%，年平均增长0.57%，比1990年到2000年年均1.07%的增长率下降了0.5个百分点。
　　　人口普查：人口の一斉調査、日本の国勢調査に相当
　　　百分点：ポイント　cf. 百分率：パーセンテージ

2　（4-2-1家庭）第一代独生子女的家长已步入晚年，中国正全面迎来"421家庭"时代，一对夫妻赡养四个老人和抚养一个孩子的家庭格局日益成为主流，负担极为沉重。
　　　晚年：老後や高齢の意　　赡养：親を扶養する　　抚养：子どもを扶養する・育てる

3　（高齢化の進展）我国人口年龄结构变化，说明随着我国经济社会快速发展、人民生活水平和医疗卫生保障事业的巨大改善，生育率持续保持较低水平，老龄化进程逐步加快。
　　　进程：プロセス　　cf. 工程：工事・プロジェクト　　流程：工程・フロー

4　（流動人口）以农民工为主体的流动人口，作为廉价的劳动力资源，推动了我国外向型经济的形成和发展，而他们收入水平低下，有效需求不足，又成为制约国内消费增长的重要因素。

5　（人口バランスのとれた社会の構築）采取调控人口总量增长、提高人口素质、综合治理出生性别比持续偏高问题、建立老年保障体系、缩小城乡差距、引导人口合理分布、促进人口与资源环境协调和可持续发展等措施，促进人口长期均衡发展，构建人口均衡型社会。
　　　城乡差距：都市と農村の格差

日本語訳例

1 中国大陸の人口は 13 億 3972 万人で、2000 年の第 5 回国勢調査と比較すると、10 年間に 7390 万人増え、増加率は 5.84% で、年平均の増加率は 0.57% となり、1990 年から 2000 年における年平均 1.07% という増加率と比べると 0.5 ポイント減少した。

2 最初の一人っ子世代の親たちがすでに高齢になり、中国は今まさに「4-2-1 家庭」時代を全面的に迎えていて、1 組の夫婦が 4 人の老人を扶養し、1 人の子どもを育てるパターンが日に日に主流となり、その負担はきわめて重い。

3 我が国の人口の年齢構成の変化は、我が国の経済社会の急速な発展・人々の生活水準と医療保障事業の大きな改善に伴って、出生率が継続して比較的低い水準に保たれ、高齢化のプロセスが徐々に加速していることを表している。
▶ここの"卫生"は疾病防止の類の意味ゆえ、医療に含まれます。

4 出稼ぎ農民を主体とする流動人口は、安価な労働力資源として我が国の輸出中心型の経済の形成と発展を推し進めたが、彼らの収入水準が低い中、有効需要が不足し、国内消費の拡大を制約する大きな要因となっている。

5 人口総量の増加をコントロールすること・国民のレベルを上げること・出生男女比の偏りが持続する問題を総合的に管理すること・老後保障システムを作り上げること・都市と農村の格差を縮小すること・人口の合理的分布を導くこと・人口と資源、環境との調和と持続可能な発展を促すこと等の措置を採ることは、人口の長期的均衡発展を促進し、人口バランスのとれた社会を構築する。
▶"采取 A、B、C 等措施"の部分、すなわち「A、B、C 等の措置を採用すること」がこの文の主語に相当。"、"で区切られた部分が並列の関係です。

さまざまな課題を抱える人口政策

訳してみよう

1 人口学家担心中国可能成为世界上首个"未富先老"的国家。

> 首个：最初の。"第一个"の意味と同じ
> 未富先老：国民が豊かになる前に高齢化が始まること

2 越来越多的"空巢老人"的出现，折射出我国传统养老方式和保障体系正遭遇巨大的冲击。

> 空巢老人：子供たちが巣立ち、老夫婦2人（あるいはどちらか1人）のみが暮らしている家庭を意味する言葉
> 折射出：映し出す。"折射"は元々「屈折（する）」の意だが、事象の本質を表現するような場合に比喩的に用いる

3 如果我国2亿多流动人口能够在城镇买房、租房，将极大地拉动内需增长。

> 城镇：元々は「都市と町」の意だったが、最近は"城镇化"を「都市化」とするように「都市」の意で使われることが多い
> 拉动：牽引する

4 "啃老族"是待业大学生最怕听到的称呼，他们的主要经济收入来源于家庭支持，但他们绝非有意"啃老"，而是普遍对"啃老"表现出了强烈的愧疚感。

> 啃老族：老いた親のすねをかじる若者たちのこと
> 愧疚感：慚愧の念

5 随着农村人口向城镇的转移，新增城市人口将进一步创造新的消费需求，推动消费增长和消费结构变化，带动现代服务业的发展，创造出一个长期的内需释放过程。

> 释放：解き放つ、放出する、リリースする

関連語句

刘易斯转折点	ルイスの転換点
独生子女	一人っ子（男女を問わない）
人口红利	人口ボーナス
外来工	出稼ぎ労働者
农民工	出稼ぎ農民
外来人口	現住地と戸籍登記地が異なる、「よそ者」の人口のこと
生育高峰	ベビーブーム
居家养老	在宅介護
养老服务业	介護サービス業
银发工程	シルバープロジェクト（敬老事業や高齢者再雇用の事業など）
银发商品・银发产品	シルバー向けの製品（バリアフリー住宅、杖など）
丁克家庭	子供のいない共働きの夫婦の家庭（"丁克"は DINKS の音訳）

コラム

　1970年代後半より始まった"**计划生育政策**"（いわゆる一人っ子政策）の弊害を指摘する声が多くなっています。秘かに生んだ2人目以降の子は"**黑孩子**"（闇っ子）と呼ばれ、戸籍がないため社会保障などの恩恵は一切受けられません。また男の子を望む伝統的な考えは今でも根強く残っており、授かった子が"**B超**"（超音波検査）によって女の子だと分かると中絶してしまう母親も急増しています。

　日本の「新人類」に似た"**八〇后**"（1980年代生まれ）や"**九〇后**"（1990年代生まれ）という言葉には、経済成長の真っただ中を一人っ子として我儘に育ったため忍耐力のない世代といったマイナスイメージもつきまといます。"**月光族**"（月給はパッと使いきってしまう連中）は彼らの消費行動から生まれた言葉。一方で"**酷日本**"（Cool Japan）のように日本を始め外国のポップカルチャーなどをどんどん取り入れ個性を主張する力も身につけています。

練習問題

一　適当な言葉をA～Fより選び、（　）の中に記入しなさい。

> A　老齢化　B　空巣老人　C　啃老族　D　蚁族　E　独生子女　F　人口普查

1. 第六次（　　）结果公布中国总人口13.39亿。
2. 按照国际惯例，65岁及以上人口占总人数比例达到7%，就进入（　　）社会。
3. （　　）多从事保险推销、电子器材销售和餐饮服务等低层次、临时性的工作，绝大多数居住在城乡结合部。
4. 子女要经常关爱（　　），应该通过电话与独居的父母进行感情和思想的交流。
5. （　　）是中国计划生育政策的产物。但作为政策的结果，这一代人在成长和发展的过程中又给中国社会的人口结构带来了巨大的影响。
6. 中国人把既没有上学也没有就业或接受职业技能培训，必须依靠父母养活的青年人称为（　　）。

二　組み合わせが適切となるよう左右の言葉を線で結びなさい。

1. 促进　　　　A. 申诉
2. 人口　　　　B. 时代烙印
3. 剩余　　　　C. 社会氛围
4. 营造　　　　D. 发展
5. 合法　　　　E. 密度
6. 鲜明的　　　F. 劳动力
7. 驳回　　　　G. 权益

●●研究テーマ例

1. 最近の「一人っ子政策」の変化と方向
2. 中国の老人介護の現状とシルバー産業の可能性
3. 中国の戸籍問題と社会保障

文章の日本語訳問題

　　経过上世纪50年代的生育高峰以后，上海市人口总和生育率出现了不断下降的趋势，近年来已降到0.7—0.9，1993年以来上海人口的自然变动已经连续多年负增长。近年来上海市的生育率降低到0.8上下，可以说是"极低生育率"中的极低水平，应当引起我们对其人口学后果和经济社会后果的关注。上海的生育率下降是影响生育的经济社会变化和强有力的计划生育政策共同作用的结果。随着收入水平的提高，生育孩子的成本（尤其是照料、住房、医疗、教育等成本）和机会成本（为养育子女所耗费的时间或放弃工作的成本）不断提高，青年夫妻的生育意愿下降，结婚率降低，自愿选择不生育的"丁克"家庭数量增加。近年来，青年夫妻的不孕率也在提高。另一方面，一些夫妻生育第二个孩子的意愿因为计划生育政策不能实现，也人为地降低了生育率。

（来源：《第一财经日报》2009年7月27日）

1. 生育高峰：在一定时期、一定范围内，人口生育率相对于其平稳状态和低谷状态而言的高涨现象。
2. 生育率：指不同时期、不同地区妇女或育龄妇女的实际生育水平或生育子女的数量。
3. 负增长：出生人数少于死亡人数。
4. 计划生育政策：中国的计划生育政策包括生育政策、避孕节育政策、奖励优待政策和限制处罚政策等几个方面，其中生育政策是整个计划生育政策的核心，推行一对夫妻生育一个子女。

☞ お役立ち情報サイト

国家人口和计划生育委员会网站 http：//www.chinapop.gov.cn
中国社会科学院人口与劳働经济研究所 http：//iple.cass.cn/
中国计划生育协会 http：//www.chinafpa.org.cn
中国人口信息网 http：//www.cpirc.org.cn

練習問題の解答

練習一　1. F.　2. A.　3. D.　4. B.　5. E.　6. C.
練習二　1. D.　2. E.　3. F.　4. C.　5. G.　6. B.　7. A.

第2課　経済状況

　　2010年に中国の国内総生産は日本を抜き世界第2位となったが、道路・鉄道等のインフラ建設や不動産開発等に代表される投資に偏った部分があるため、政府は経済発展方式の転換を図ろうとしている。また原料高・穀物価格上昇・国内の労賃上昇等によるコストプッシュ要因やドル買い・元売りという為替管理によって生まれる過剰な流動性等によりインフレ傾向が強まっている。

1　（GDP）国家统计局2月28日发布2010年国民经济和社会发展统计公报称中国在去年加快转变经济发展方式和经济结构战略性调整，国民经济保持了平稳较快发展，各项社会事业取得新的进步。初步核算，全年国内生产总值397983亿元人民币。

2　（経済の外部環境）国际金融危机影响深远，世界经济增长速度减缓，全球需求结构出现明显变化，围绕市场、资源、人才、技术、标准等的竞争更加激烈，气候变化以及能源资源安全、粮食安全等全球性问题更加突出，各种形式的保护主义抬头，我国发展的外部环境更趋复杂。

3　（国内状況）从国内看，工业化、信息化、城镇化、市场化、国际化深入发展，人均国民收入稳步增加，经济结构转型加快，市场需求潜力巨大，资金供给充裕，科技和教育整体水平提升，劳动力素质改善，基础设施日益完善，体制活力显著增强，政府宏观调控和应对复杂局面能力明显提高，社会大局保持稳定，我们完全有条件推动经济社会发展和综合国力再上新台阶。

4　（人民元レート）人民银行将继续按照已公布的外汇市场汇率浮动区间，对人民币汇率浮动进行动态管理和调节，提高调控水平，改进外汇管理，保持人民币汇率在合理、均衡水平上的基本稳定，维护宏观经济和金融市场稳定。
　　　浮动区间：変動する範囲、フロートレンジ

5　（農産物価格）农产品价格普遍上涨，业内剖析其原因，除受天气致供求关系失衡，运输及劳动力成本提高等因素影响之外，游资利用信息陷阱、集体喊涨等手段炒作大蒜、绿豆等农产品，成为这一轮涨价潮的幕后推手。
　　　失衡："失去平衡"の略。バランスを失う。　　游资：ホットマネー（短期資本）、投機的資金
　　　集体喊涨：グループ（人数を動員して）で意図的に価格を吊り上げる　　幕后推手：黒幕

8

日本語訳例

1. 国家統計局は2月28日、2010年の国民経済と社会発展の統計公報を発表し、中国は昨年、経済発展方式の転換と経済構造の戦略的調整が加速させ、国民経済はコンスタントに高い成長を保ち、各社会的事業では新たな進展があったと述べた。大まかな算定では、年間国内総生産は39兆7983億人民元であった。

2. 国際金融危機の影響は深刻で、世界の経済成長速度が緩慢となり、世界の需給構造に明らかな変化が現れ、マーケット・資源・人材・技術・規格等に関わる競争がさらに激烈さを増し、気候変動とエネルギー資源の安全確保・食糧の安全確保など世界的問題がより突出し、さまざまな形の保護主義が台頭しており、我が国の発展の外部環境は、より複雑化する傾向にある。

3. 国内を見ると、工業化・情報化・都市化・市場化・国際化が深く進展し、国民一人当たりの収入は着実に増えている。経済構造の転換は加速し、マーケットの需要の潜在力は巨大で、資金供給は十分余裕がある。科学技術と教育の全体的なレベルは上昇し、労働力の質も改善された。インフラは日ごとに整備され、体制のバイタリティーは顕著に強まっている。政府のマクロ調整と複雑な局面に対応する能力は明らかに高まり、社会の大勢は安定が保たれている。我々が経済社会の発展を推進し総合的国力がさらに新しい段階に上がる条件は全て揃っている。

4. 人民銀行はすでに公表している外国為替レートの変動範囲に従い、人民元レートの変動に対し継続して動態管理と調節を行い、調整のレベルを高め、外貨管理を改善し、人民元レートの合理的でバランスのとれた水準での基本的安定を保ち、マクロ経済と金融市場の安定を確保する。

5. 農産物価格がおしなべて上昇したため、業界がその原因を分析した。天候が需給関係のアンバランスを引き起こしたことや輸送と労働力のコストが上昇したこと等の要因の影響を受けたほか、ホットマネーが情報の陥穽や集団での価格つり上げ等の手段を用いてニンニクやリョクトウなどの農産物への投機を行い、今回の値上げブームの黒幕となった。

豊かになった都会生活

第2課　経済状況

訳してみよう

1 因国内货币政策紧缩和出口需求趋软，中国三季度国内生产总值（GDP）同比增长9.1%，不及市场预期的9.3%，也远低于二季度的9.5%，创2009年以来最慢增速。

  趋软：弱含む
  同比：前年同期比

2 在2011年新领军者年会（夏季达沃斯论坛）上，此前甚嚣尘上的中国经济硬着陆论调并未获得众多海内外与会嘉宾的赞同。

  达沃斯论坛：ダボスフォーラム（世界経済フォーラム年次会議）
  甚嚣尘上：世間で盛んに論じられる（貶義が多い）
  硬着陆：ハードランディング

3 当前我国经济发展总体态势良好，经济增长由政策刺激向自主增长有序转变，继续朝着宏观调控的预期方向发展。

  总体态势：総体的形勢、全体的なトレンド
  有序转变：秩序ある転換

4 11号，人民币对美元汇率中间价报出6.3483，首次突破6.35大关，创出了汇改以来的新高，许多来自中国大陆的产品价格"涨声四起"。

  中间价：仲値
  汇改：人民元改革（2005年7月より管理フロート制に移行）
  涨声四起：値上げが方々で起こる

5 猪肉价格在7月"假摔"后，8月开始逐周走高。除了领涨的猪肉，蔬菜价格止跌回升，蛋与食用油价格涨势加快，粮食价格延续上涨态势。

  假摔：見せかけの下落。サッカーの反則「シミュレーション」から
  逐周：1週ごとに
  走高：（値段や相場が）上昇する
  止跌回升：下げ止まり反騰する

関連語句

走强	（価格などが）上昇傾向にある
软着陆	ソフトランディング
价格反弹	価格反騰
货币信贷	通貨貸付
浮动	変動する、フロート
通胀	インフレーション。"通货膨胀"の略
一揽子计划	包括的な計画、全般的計画

 コラム

　2008年秋のリーマンショック後の厳しい経済情勢の中で生まれた言葉が**"给力"**。文字通り「パワーを与える」「励ます」意味に使われ流行語となりましたが、経済状況を反映した新語には事欠きません。

　"fùwēng" と言えば **"富翁"**（金持ち）のことですが、同じ発音でも **"负翁"** となれば借金まみれの人になってしまいます。挙句の果ては **"炒鱿鱼"**（クビ）では悲惨。自分から見捨てて会社を辞めるのは **"炒老板鱿鱼"** とも。

　2009年ごろに生まれた経済用語が **"环比"**（前期比）。従来、統計数字の比較は **"同比"**（前年同期比）がよく使われていたのですが、これでは前年からの落ち込みが国民に過剰なショックを与えかねない、と **"环比"** が使われるようになりました。これには **"日环比""周环比""月环比""年环比"** などがあり、その時々によって、なるべく有利な数値を使い、ショックを和らげることもできます。

練習問題

一　適当な言葉をA～Fより選び、（　）の中に記入しなさい。

> A GDP　B 经济结构　C 价格　D 汇率　E 国民经济　F 金融危机

1．从最近两三周的新闻来看，中央领导人的考察活动和最新出台的政策大部分都在强调民生、调整（　　）、中西部发展等领域。

2．十一长假结束后，中国铁矿石现货（　　）也出现了今年以来幅度最大的暴跌，从10月10日的167.35美元／吨下降到18日的148.45美元／吨。

3．2008年（　　）对中国经济的影响，首当其冲的是出口企业，特别是浙江、广东地区的一些没有自有品牌、附加值低的代工企业。

4．中国国家统计局公布数据显示，中国第三季度的（　　）年率上升9.1%，季率上升2.3%。

5．从中国外汇交易中心获悉，人民币对美元（　　）中间价10月21日较上一个交易日（6.3652）上升24个基点，报6.3628。

6．中共十七届六中全会提出，大力发展公益性文化事业，保障人民基本文化权益；加快发展文化产业、推动文化产业成为（　　）支柱性产业。

二　組み合わせが適切となるよう左右の言葉を線で結びなさい。

1．取得　　　　A．文化交流
2．保持　　　　B．新的进步
3．增加　　　　C．较快发展
4．提升　　　　D．外汇管理
5．改进　　　　E．国民收入
6．维护　　　　F．教育水平
7．促进　　　　G．市场稳定

●●研究テーマ例

1．中国の産業構造改革の現状と今後の展望
2．元の為替レートの動向と中国金融政策
3．地方政府の債務処理問題

文章の日本語訳問題

　　我国出口多为**劳动密集型**产品，科技含量较低，人民币升值将导致我国出口商品价格升高，这将使商品的**价格优势**缩减，在海外市场占有率下降；同时，人民币升值将使美国商品在我国市场价格下降，有利于其扩大出口，缓解国内高失业率，并对其扭转贸易逆差有所帮助；使中国**外汇储备**缩水。中国所持有的美元外汇储备量全球第一。美国通过大量发行美元，造成人民币升值，从而使我国美元外汇储备缩水，对我国经济稳定不利；使中国持有的美国国债大幅缩水。截至 7 月末，我国持有美国国债余额为 8467 亿美元，为美国国债的最大海外持有国。因此，美元大幅贬值将中国所持有的美国国债大幅缩水，使中国资产外流。

（来源：国公网）

1. 劳动密集型：(Labor-intensive) 为生产一定产量所必须投入的生产要素中，劳动投入的比例高于其它生产要素比例的产业。如轻纺工业、服务业等产业。这些产业占用资金少，设备的技术程度低，容纳劳动力较多。
2. 价格优势：同一种商品在价格上的优势。一般来说价格比同一类产品的价格越低，商品的竞争力越强。
3. 外汇储备：(Foreign Exchange Reserve)，又称为外汇存底，指一国政府所持有的国际储备资产中的外汇部分。

☞ お役立ち情報サイト

中国经济网 http：//www.ce.cn/
中国经济周刊网 http：//www.zgjjzk.cn/
中国财经报网 http：//www.cfen.com.cn/
凤凰财经 http：//finance.ifeng.com/

練習問題の解答

練習一　1. B　2. C　3. F　4. A　5. D　6. E
練習二　1. B　2. C　3. E　4. F　5. D　6. G　7. A

第3課　開放政策

　　1978年に改革開放政策に舵を切るなり、「中外合資経営企業法」の公布・深圳など4カ所を経済特区に指定・大連など沿海地域の14都市を開放都市に指定するなどして外資の導入を積極的に行ったため、工業製品の生産力・輸出力は徐々に高まった。2001年のWTO加盟後は金融・小売・物流等のサービス分野でも国内市場を開放するようになったため世界の市場としてさらに外資を引きつけている。

1　（中国への直接投資）中国的对外开放已走过30多年历程，截至2010年9月，累计吸收外商直接投资约10,600亿美元，利用贷款累计3,400亿美元。
　　外商：外国の商人、外国企業、外資系企業

2　（経済特区）1980年深圳、珠海、汕头、厦门经济特区的设立，标志着对外开放进程的起步。80年代中后期，对外开放的范围由特区逐步扩大到了沿海地区、海南省及上海浦东，以及长江沿岸城市和边境、内陆的一系列城市。

3　（資金と技術）制造业一直是外商直接投资的重点，如钢铁、食品、化工、医药、纺织等支柱行业，外资的进入，带来了资金和技术，推动了工业结构的调整和产品的升级换代，涌现出一批技术含量高、竞争力强的产品，在一定程度上弥补了中国在技术上的缺口，加快了工业化进程。
　　升级：昇級・昇格・拡大する、アップグレード、バージョンアップ

4　（新しい分野への投資誘致）坚持利用外资和对外投资并重，优化投资软环境，保护投资者的合法权益，引导外资更多的投向现代农业、高新技术产业、先进制造业、节能环保产业、现代服务业等领域，鼓励投向中国的中西部地区。
　　优化：最適化する、適正化する
　　软环境：ソフト環境

5　（貿易・投資の自由化）中国政府还将继续在多边、区域和双边领域促进全球贸易和投资的自由化进程，努力维护稳定的国际贸易环境，与所有贸易伙伴一起努力实现互利共赢。
　　多边：多国間（の）
　　共赢：ウィンウィンの関係

日本語訳例

1 中国の対外開放はすでに30年余りの歴史を経て、2010年9月時点で累計約1兆600億米ドルの外国企業の投資を受け入れ、累計3400億米ドルの借款を利用している。

2 1980年の深圳（しんせん）・珠海（しゅかい）・汕頭（スワトウ）・厦門（アモイ）の経済特区の設立は対外開放プロセスの着手を示している。80年代中頃から後半において、対外開放の範囲は特区から徐々に沿海地域・海南省・上海浦東および長江沿岸の都市や国境地域・内陸の諸都市に拡大した。

3 鉄鋼・食品・石油化学工業・医薬品・紡織等の基幹産業を含む製造業は一貫して外国企業の直接投資の重点で、外資の進出は資金と技術をもたらし、工業の産業構造調整と製品の向上・モデルチェンジを推し進め、技術要素の高い製品・競争力の強い製品を大量に生み出し、技術面における中国の弱点を一定程度補い、工業化のプロセスを加速した。

4 外資利用と対外投資を同様に重視することを堅持する。投資のソフト環境を最適化する。投資家の合法的権益を保護し、外資が近代的農業・ハイテク産業・先進的製造業・省エネ環境保護産業・近代的サービス業などの分野により多く向けられるように誘導する。また、外資が中国の中部・西部地域に投じられるよう奨励する。

▶「中国政府は」のような主語が省略された文です。省庁が作成する政策提言等によく見られます。

5 中国政府はなお引き続き、多国間・地域間・二国間の分野において世界の貿易と投資の自由化プロセスを促進し、安定した国際貿易環境を守ることに努め、全ての貿易パートナーとともに互恵とウィンウィンの関係実現に努力する。

開放の先端窓口、上海

訳してみよう

1 商务部公布数据显示，1～8月，外商投资新设立企业18006家，同比增长7.68%；实际使用外资金额776.34亿美元，同比增长17.71%。

2 国务院于今年3月24日批准汕头经济特区范围扩大到全市，从5月1日起正式实施。此次扩容将使汕头特区覆盖全市2064.4平方公里的土地，特区面积扩大近9倍。

> 覆盖：覆う、カバー　cf. 覆盖区域：（携帯の）通話可能エリア

3 对外国投资者自己所拥有的工业产权、专有技术或高新技术成果，可以作为无形资产投资入股企业。

> 产权：財産権
> 入股：株主になる、資本参加する

4 允许西部地区外资银行逐步经营人民币业务，允许外商在西部地区依照有关规定投资电信、保险、旅游业；兴办中外合资会计师事务所、工程设计公司、铁路和公路货运企业、市政公用企业和其它已承诺开放领域的企业。

> 承诺：約束する
> 开放领域：開放分野

5 中国政府将一如既往地积极推进对外开放，也希望有关国家能对等地放宽产业准入，加大市场和技术开放的力度，提高对外资审查的透明度，以更加积极的姿态对待中国企业的投资。

> 一如既往：全て以前と変わらない
> 准入：参入する

関連語句

三资企业	"合资企业"（合弁企業）、"外商独资企业"（外商独資企業）、"合作企业"（合作企業）の3種の外資系企業を「三資企業」と呼ぶ
外贸依存度	貿易依存度
跨国公司	多国籍企業
本土化	現地化
入世	WTO加盟。"加入世界贸易组织"の略
走出去	海外進出
海龟派	海外帰国組
海带	職探し中の海外帰国組

コラム

　"沿海"開放に全力を注いだのが1980年代。90年代前半にはこれに"沿江"（長江沿い）と"沿边"（国境沿い）が加わり、"三沿开放"と呼ばれました。97年には当時の江沢民総書記が太平洋を渡ってアメリカを訪問、翌年、クリントン大統領が中国を訪問し、同じころ、香港や澳門の返還も実現、2001年のWTO加盟が中国の国際化を決定付けました。

　"入世"（WTO加盟）に怖気づく国民を鼓舞したのが98年の**"知难而进"**、我々も世界に打って出られるのだ、とポジティブな精神を鼓舞したのが翌年の**"走出去吧"**、そして安かろう悪かろう、の信用失墜に警告を発した朱鎔基首相の**"诚信" "信用建设"**のスローガン……。

　国際化で必要なのは、世界に通暁した国際的人材。そこで目をつけたのが海外に在住する優秀な人材。"海归"に音を引っ掛けた**"海龟"**という言葉も流行しました。その後"海归"もだんだん中身が問われるようになり、帰国しても職に就けない**"海带"**（海待）も出現しました。

練習問題

一 適当な言葉を A～F より選び、（ ）の中に記入しなさい。

> A 改革开放　B 经济特区　C 投资　D 外资　E 合资　F 互利共赢

1. 2010 年中国－东盟自由贸易区的建成，标志着中国－东盟（　　）的合作关系进入新的历史阶段。
2. 在中资银行纷纷提高按揭贷款利率的情况下，花旗、汇丰、恒生等（　　）银行目前首套房贷款仍有九折优惠利率，房贷额度也比较宽裕。
3. 江阴对外经济合作洽谈会 10 月 20 日有 54 个重大项目成功签约，总（　　）334.67 亿元。
4. （　　）以来，中小企业蓬勃发展，已经成为我国经济发展、市场繁荣和扩大就业的重要力量。
5. 10 月 21 日日本软银公司对外宣布，已于今年 6 月与旗下拥有印度最大手机运营商的 Bharti 集团各自出资 50% 在新加坡成立了一家（　　）公司。
6. 20 世纪 80 年代，我国经济体制改革中最引人注目的举措之一是建立深圳、珠海、汕头、厦门等几个（　　）。

二 組み合わせが適切となるよう左右の言葉を線で結びなさい。

1. 吸收　　　A. 缺口
2. 利用　　　B. 经济特区
3. 设立　　　C. 投资软环境
4. 弥补　　　D. 外资
5. 实现　　　E. 有利条件
6. 优化　　　F. 互利共赢

●●研究テーマ例

1. 中国の 80 年代以降の開放政策の足取りと内容分析
2. 中国の外資導入政策の変遷と今後の動向
3. 中国の公共事業門戸開放の進捗度と問題点
4. 小康社会：全面的小康社会是要从政治、经济、文化等各方面满足城乡发展需要。

文章の日本語訳問題

　　深圳是中国第一批经济特区，也是发展最好的经济特区，邓小平先生当年的南方谈话也曾在深圳留下了浓墨重彩的一笔。深圳的改革开放实践和总结出的宝贵经验，直接促进了中国社会主义市场经济的建立，有力地推动了整个中国改革开放的进程。深圳是中国改革开放的窗口和试验田，是改革开放的前沿阵地，其地位无可置疑。深圳改革开放发展的历程，充分体现出了中国改革开放的发展轨迹，是中国改革开放发展的缩影。深圳近30年的改革开放发展，不仅在物质文明和经济建设中取得了巨大的成就，在精神文明和文化建设上同样取得了令人瞩目的成绩，为全国各兄弟省市提供了可供借鉴的宝贵经验。深圳应继续担负起改革开放排头兵的重任，在自身不断发展的同时，加大对西部贫困落后地区的帮扶力度，实现协调发展，共同富裕。

（来源：《深圳特区报》2010年8月28日）

1. 深圳：隶属广东省，副省级城市，与香港陆地相连。在国家政策支持下，经过近30年深圳从一个南疆边陲小镇发展成为中国高新技术产业重要基地、全国性金融中心、信息中心和华南商贸中心、运输中心及旅游胜地，现代化的国际性城市。

2. 邓小平：四川广安人，1904年8月22日生。在结束"文化大革命"后，邓小平恢复工作，于1978年12月召开的中共十一届三中全会，开辟了中国改革开放和集中力量进行社会主义现代化建设的新时期。

3. 西部贫困落后地区：包括重庆、四川、贵州、云南、广西、陕西、甘肃、青海、宁夏、西藏、新疆、内蒙古等十二个省、市和自治区。西部地区疆域辽阔，人口稀少，是我国经济欠发达，需要加强开发的地区。

☞ お役立ち情報サイト

中国国家改革与发展委员会 http：//www.sdpc.gov.cn/
中国日报 http：//www.chinadaily.com.cn
南都网 http：//www.nddaily.com
中国开发区网 http：//www.cadz.org.cn/

練習問題の解答

練習一　1. F　2. D　3. C　4. A　5. E　6. B
練習二　1. D　2. E　3. B　4. A　5. F　6. C

第3課　開放政策

第4課　企業改革

　　改革開放政策の柱の1つである企業改革において、計画経済時代の国営企業の多くは、市場経済体制に適合するため行政と事業の分離を経て国有企業となり、所有と経営の分離を経て株式会社形態の企業へと変身したが、エネルギー・送電・通信・金融などの主要産業においては、国家が最大の株主として企業資産や企業経営を管理するという構図も浮かび上がってきている。

1　（国有企业改革）国有企业的改革，关键是**政企分开**，理顺产权关系，使企业真正成为自主经营、自负盈亏、自我发展、自我约束的法人实体和市场竞争主体。
　　自负盈亏：独立採算

2　（国资委）中国政府于2003年设立了国有资产管理机构，统一承担国有资产出资人职能；让资不抵债、扭亏无望的企业宣告破产并退出市场；加快对国有企业的公司制改造，实现国有企业投资主体的多元化，推动股份制成为公有制的主要实现形式；同时完善国有企业的法人治理结构，加强公司治理。
　　资不抵债：債務超過
　　公司治理：コーポレートガバナンス、企業統治

3　（合并再编）坚持市场化运作，发挥企业主体作用，完善配套政策，消除制度障碍，以汽车、钢铁、水泥、机械制造、电解铝、稀土、电子信息、医药等行业为重点，推动优势企业实施强强联合、跨地区兼并重组，提高产业集中度。
　　兼并重组：合併再編

4　（中央企业）目前，中央企业在国防军工、石油石化、电力、电信、民用航空、航运、重要矿产资源开发等关系国家安全和国民经济命脉的重要行业和关键领域中的企业户数占全部中央企业户数的25%，但资产总额占到75%，国有资产占到82%，实现利润占到79%。

5　（外部取締役）宝钢、神华等19家中央企业相继建立和完善了董事会，建立了外部董事制度，初步实现了决策权与执行权分开和董事会选聘、考核、奖惩经理人员，公司治理结构不断完善。

日本語訳例

1 国有企業の改革において、鍵となるのは行政と企業の分離であり、所有権の関係を調整することで、企業は真の自主経営・独立採算・自主成長・自己規律の法人組織となり、市場競争の主体となる。

2 中国政府は2003年に国有資産管理機関を設立し、国有資産の出資者の職能を一手に担うこととした。債務超過の企業や赤字から抜け出す望みのない企業には破産宣告をして市場から退出させた。国有企業の会社制への改造を加速させ、国有企業の投資主体を多角化し、株式会社制を推進して公有制の主たる実現形式とした。同時に国有企業のコーポレートガバナンス構造を完全なものにし企業統治を強化した。

▶国有資産管理機関を設立して行った内容が"："で区切られた文で列挙されています。

3 市場化オペレーションを堅持することで企業の主体的役割を発揮させ、関連する政策を完全なものにすることで制度の障碍を取り除き、自動車・鉄鋼・セメント・機械製造・電解アルミ・レアアース・電子情報・医薬品などの業界を重点とし、有力企業間の強－強連合や地域を跨いだ合併再編の実施を推進し、産業の集中度を引き上げる。

4 現在、国防・軍需産業、石油工業・石油化学工業、電力、電信、民間航空、水運、重要な鉱産資源開発など国家の安全と国民経済の命脈に関連する重要な産業と基幹分野における「中央企業」の数は全部の「中央企業」数の25%を占めるにとどまっているが、総資産額では75%、国有資産では82%、実現利益では79%も占めている。

5 宝山鋼鉄・神華集団など19の「中央企業」は相次いで取締役会の整備に取り組み外部取締役制度を設立し、決裁権と執行権の分離と取締役会が経営者を選任・審査・賞罰することを一応実現した、コーポレートガバナンス構造は絶えず整えられている。

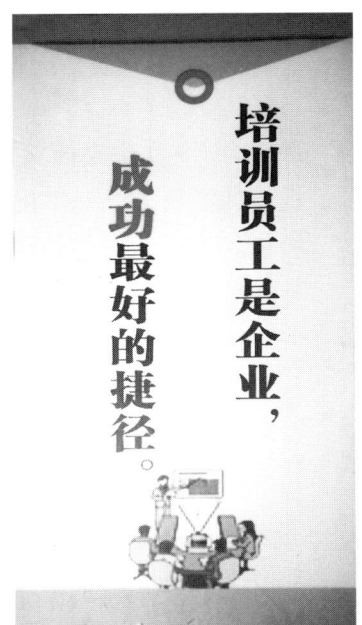

企業改革のスローガン

第4課　企業改革　21

訳してみよう

1 建立企业优胜劣汰的竞争机制。实行鼓励兼并、规范破产、下岗分流、减员增效和再就业工程。依靠各方面力量，扩大就业门路，确保国有企业下岗职工基本生活。

  优胜劣汰：優勝劣敗、弱肉強食、適者生存
  下岗：リストラされる、リストラ、一時帰休する
  分流：配置転換、人員削減
  减员增效：効率アップのための人員削減

2 政府鼓励和引导民营企业通过参股、控股、资产收购等多种方式参与国有企业改制重组，支持有条件的民营企业通过联合重组等方式进一步壮大实力。

  参股：出資する、株を買う
  控股：持ち株
  改制重组：企業改革と組織再編
  联合重组：統合再編

3 2010年12月22日，被业界称为"中投二号"的第三家国有资产经营管理公司——中国国新控股有限责任公司正式挂牌。

  中投：中国投資有限責任公司。外貨準備を運用する国家ファンド

4 2010年19家中央商贸企业抓住市场回暖、大宗商品交易量价齐升的有利时机，加快科工贸一体化转型和产业结构调整，经营实力和经济效益实现双快增长。

  大宗商品：大口商品
  量价齐升：取引量と価格がともに上がる

5 国资委选聘外部董事，可以特别邀请国内外知名专家、学者、企业家；可以从中央企业有关人员中挑选；可以面向社会公开选聘。

  国资委：国務院国有資産監督管理委員会
  选聘：選考をした後に招聘する。"挑选聘用"の略

独立董事	社外取締役
现代企业制度	近代企業制度
竞争机制	競争メカニズム
激励机制	インセンティブ・メカニズム
政企分离	行政と企業の分離
产权改革	企業の所有権改革
买断工龄	労働力削減のため勤務年数等に応じ一時金を払い解雇
朝阳产业	有望産業
夕阳产业	斜陽産業

 コラム

　改革開放が始まった80年代、人民公社が解体され、公社や生産隊に属していた"**社队企业**"は"**乡镇企业**"に改組されました。その後、"**国营企业**"は"**国有企业**"になり、その"**国有企业**"も90年代末期の朱鎔基首相による大改革でスリム化され、さらには中小国有企業の民営化と強大な"**央企**"（中央国有企業）の育成へ変遷していきました。

　こういった改革に伴い、無数の中小企業、さらには個人経営を含む"**微型企业**"が国の経済や雇用を支える重要な柱になってきています。

　しかしここで問題になるのがずさんな経営体質です。"**企业治理**"（コーポレートガバナンス）の構築が叫ばれ、"**儒商**"（商業モラルを重んじる企業）といったコトバも出現しました。

　2011年からの第12次5カ年計画のスローガンの1つが「"**国富**"から"**民富**"へ」。経済が発展しても"**国进民退**"では本末転倒。エネルギー、金融、教育などの分野が民間企業に門戸を開くことも重要でしょう。

練習問題

一 適当な言葉を A～F より選び、（　）の中に記入しなさい。

> A 自负盈亏　B 破产　C 政企分开　D 股份制　E 兼并重组　F 国有企业

1. 18日上午，海南省农垦集团有限公司正式挂牌成立，这标志着海南农垦（　　），向建立现代企业制度迈出了标志性一步。
2. 义乌小商品市场的经营户完全是自主经营、（　　）、自我发展的商品生产者和经营者。
3. 1553年，大英帝国以股份集资的方式成立了历史上第一家（　　）公司——莫斯科尔公司。
4. 科健公司发布公告称公司将正式进入（　　）阶段，业务将全部停止，所在大厦总台无人值班，人员所剩无几。
5. （　　）长期以来是中国国民经济的重要支柱。按照政府的管理权限划分，它可以分为中央企业和地方企业。
6. "十二五"期间，中国将鼓励快递企业的（　　），争取打造5个以上收入过百亿的大型企业。

二 組み合わせが適切となるよう左右の言葉を線で結びなさい。

1. 理顺　　　A. 公司治理
2. 设立　　　B. 企业主体作用
3. 加强　　　C. 产权关系
4. 坚持　　　D. 产业集中度
5. 提高　　　E. 外部董事制度
6. 建立　　　F. 市场化运作
7. 发挥　　　G. 管理机构

●●研究テーマ例

1. 中国企業のコーポレートガバナンス
2. 国有企業改革の現状と問題点
3. 中国の企業文化観と実際の取り組み

文章の日本語訳問題

　　当前的国有企业改革迫切需要解决的问题是企业所有者和经营者之间的关系问题，一方面是二者的利益关系问题，另一方面是二者的角色转变问题。企业所有者和经营者的利益关系，可以通过以所有者权益增加值为指标进行利益分配来解决。具体说来，经营者（经理或加入企业的技术创新的 知识产权 所有者）不直接获得所有者权益（股权），而是与企业所有者分配所有者权益增加的那一部分利益。例如，一个资产为1亿元的企业，经过经营者一年的努力，企业的所有者权益增加了2000万元，则可按一定比例提取这2000万元中的一部分作为经营者的 劳动报酬 （包括工资），支付形式采取一部分为现金，一部分为折转的企业股份。

（来源：《光明日报》1999年9月15日）

1. 知识产权：指"权利人对其所创作的智力劳动成果所享有的专有权利"，一般只在有限时间期内有效。各种智力创造比如发明、文学和艺术作品，以及在商业中使用的标志、名称、图像以及外观设计，都可被认为是某一个人或组织所拥有的知识产权。
2. 劳动报酬：(Labor remuneration) 是劳动者付出体力或脑力劳动所得的对价，体现的是劳动者创造的社会价值。

☞ お役立ち情報サイト

国务院发展研究中心信息网 http://www.drcnet.com.cn
北京大学国家发展研究院 http://www.nsd.edu.cn/
中国企业家网 http://www.iceo.com.cn
中关村在线企业信息化频道 http://cio.zol.com.cn/

練習問題の解答

練習一　1. C　　2. A　　3. D　　4. B　　5. F　　6. E
練習二　1. C　　2. G　　3. A　　4. F　　5. D　　6. E　　7. B

第5課 对外贸易

概要

　第11次5カ年計画期間に輸出入総額は年平均15.9％増加し、米国に次いで世界第2位の規模にまで拡大した。しかし国内の賃金上昇等により伝統的な労働集約型産業における価格競争力が低下していることもあり、輸出商品の高付加価値化・サービス貿易や文化コンテンツ分野における輸出促進・先進技術や省エネおよびエコ製品の輸入拡大など、中国は貿易構造の最適化を行っている。

1　（輸出力）保持现有出口竞争优势，加快培育以技术、品牌、质量、服务为核心竞争力的新优势。提升劳动密集型出口产品质量和档次，扩大机电产品和高新技术产品出口，严格控制高耗能、高污染、资源性产品出口。

2　（サービス貿易）服务贸易方面，在按世贸组织规则分类的160多个服务贸易部门中，中国已经开放了100个，并承诺将进一步开放11个分部门，远高于发展中国家平均水平，涉及银行、保险、电信、分销、会计、教育等重要服务部门，为外国服务提供者提供了广阔的市场准入机会。
　　　服务贸易：サービス貿易

3　（ドーハラウンド）作为世贸组织第九轮多边贸易谈判，以发展为主题的多哈回合谈判是迄今涉及范围最广、参加成员最多的一轮谈判，但启动近9年来由于发达国家与发展中国家难以弥合的差距而举步维艰。
　　　多边贸易谈判：多国間貿易交渉

4　（ダンピング提訴）目前，在所有WTO成员中，中国遭受的反倾销措施最多，据WTO统计，从1995年到2005年上半年，全球反倾销措施共2743件，其中针对中国商品的就有434件，约占16%。
　　　反倾销：アンチダンピング

5　（インコタームズ）需要强调指出的是，按CIF术语成交，虽然由卖方安排货物运输和办理货运保险，但卖方并不承担保证把货送到约定目的港的义务，因为CIF是属于装运港交货的术语，而不是目的港交货的术语，也就是说，CIF不是"到岸价"。

日本語訳例

1. 現在有している輸出競争力を持ち続け、技術・ブランド・品質・サービスをコアの競争力とする新しいアドバンテージの育成を加速する。労働集約型輸出商品の品質とグレードを高め、機械・電機製品とハイテク製品の輸出を拡大し、エネルギー多消費・高汚染・資源性商品の輸出を厳しくコントロールする。

2. サービス貿易の面では、世界貿易機関の協定にて分類されている160余りのサービス貿易部門のうち、中国はすでに100の分野を自由化していて、さらに11のサブ分野の自由化を約束しており、それは発展途上国の平均的水準を大きく上回るもので、銀行・保険・電信・流通・会計・教育など重要なサービス分野に及んでおり、外国のサービス提供者のために広範な市場への参入機会を提供している。

3. 世界貿易機関の第9回目の多国間貿易交渉として、発展をテーマに進められているドーハラウンドの交渉は、これまでで波及範囲が最も広く、参加メンバーの最も多い交渉である。しかし始まってほぼ9年が経つが、先進国と発展途上国の埋め難い溝のため、その歩みはおぼつかない。

4. 現在のところ、全てのWTOメンバーの中で、中国がアンチダンピング措置に遭うことが最も多く、WTOの統計によると、1995年から2005年上半期における全世界のアンチダンピング措置は合計2743件あり、そのうち中国製品に対して為されたものが434件で約16%を占めている。

5. 強く指摘しておかなければならないことは、CIF条件で成約した場合、売り手により貨物輸送と貨物運送保険が手配されるが、売り手は貨物を取り決めた仕向け港へ送る義務の保証を担っているわけでは決してない。何故なら、CIFは仕向け港で受け渡しを行うタームではなく、船積み港で受け渡すタームに属しており、それはつまり、CIFは「仕向け港渡し価格」ではないのである。

広東省湛江港には毎日多くの船籍が出入りする

訳してみよう

1 粗放型出口增长方式没有根本转变、资源和环境的约束日趋明显、企业核心竞争力不强等问题，都严重制约着汽车产品出口健康发展。

> 粗放型：粗放型、高投資・高消費（資源の消費）・高汚染型
> 日趋：日増しに
> 核心竞争力：コアコンピタンス

2 与货物贸易相比，中国服务贸易也稍逊一筹。服务的出口增长速度要慢一些，是年均17.5%。

> 稍逊一筹：ほんの少し劣る
> 年均：年平均

3 由于发达成员和发展中成员的分歧严重，2001年启动的多哈回合谈判历时多年仍陷于僵局，谈判中曾设定多个期限但均已错过。

> 发达成员：先進国メンバー
> 僵局：膠着状態
> 错过：（機会を）とり逃がす、逸する

4 美国7家太阳能电池板生产商提起贸易申诉，要求美国政府对中国出口到美国的太阳能板施加限制，并征收超过100%的反倾销关税。

> 太阳能电池板：太陽電池パネル、ソーラーパネル
> 反倾销关税：アンチダンピング関税、ダンピング防止関税

5 CIF价格条件下的卖方交货地点不是目的港，而是装运港，它是一种典型的象征性交货价格术语。

> 装运港：船積み港
> 术语：ターム、専門用語

関連語句

倾销	ダンピング、不当廉売
贸易壁垒	貿易障壁
贸易顺差	貿易黒字
贸易逆差	貿易赤字
到岸价	貿易の現場では「CIF 価格」を指す言葉
离岸价	FOB 価格
双边贸易	二国間貿易
零关税	ゼロ関税
补偿贸易	補償貿易
惩罚性关税	懲罰的関税

コラム

　世界経済の低迷で中国の貿易額にも"**缩水**"（縮小）傾向が見え、"**经济结构**"（経済構造）の"**转变升级**"（転換とグレードアップ）が叫ばれる一方、輸出の担い手、雇用の最大の受け皿の中小企業にメスを入れることは、景気と雇用の両面でのマイナス要因にもなります。

　薄利多売の輸出構造からハイテク関係などの新規産業分野に"**试水**"（チャレンジする）ことは必要ですが、何が"**朝阳产业**"（有望産業）かをしっかり把握し、"**知识产权**"（知的財産権）対策も講じなければ、"**吃水**"（挫折）の憂き目にも遭いかねません。

　各国が国内産業優先の姿勢を強める中、多国間の貿易摩擦が起きやすくなり、経済発展が著しい中国に対する風当たりも強くなる一方です。世界経済にいつ"**井喷**""**海啸**"（ともに「不可抗力の大変化」）が生じるか、株価がいつ"**跳水**"（急落）するか予断を許しませんが、主に公共投資に頼って GDP を成長させていた中国にとって、対外貿易の貢献度をいかに高めるかは極めて重要な問題になっているのです。

練習問題

一 適当な言葉を A～F より選び、（　）の中に記入しなさい。

> A 竞争优势　B 劳动力输出　C WTO　D 反倾销　E 出口　F 国际贸易

1. 今年 3 月，国务院正式批准义乌开展（　　）综合改革试点，这是继上海浦东、天津滨海等之后的全国第 10 个综合配套改革试验区。
2. 在竞争条件下经营的企业，如果想求得生存和发展的机会必须具有某种相对于其它企业而言的（　　）。
3. 加入（　　）十年来，中国共遭受国外贸易救济调查 602 起，合计金额 389.8 亿美元。
4. 对温州和部分沿海地区的（　　）加工制造型企业来说，真正的挑战是不断增加的人工成本和提升产品附加值的需要。
5. 中国对外（　　）数量庞大，其雇主多系中国企业在海外投资设立的公司。
6. 阿根廷生产部今年 4 月 7 日宣布，准备对原产于中国的太阳镜、镜架和矫正视力眼镜展开（　　）调查。

二 組み合わせが適切となるよう左右の言葉を線で結びなさい。

1. 保持　　　A. 产品质量
2. 提升　　　B. 竞争优势
3. 提供　　　C. 货运保险
4. 遭遇　　　D. 送货义务
5. 办理　　　E. 市场准入机会
6. 承担　　　F. 反倾销起诉

●●研究テーマ例

1. 中国の輸出構造の問題点と今後の動向
2. 決済通貨としての元の国際化について
3. さまざまな貿易摩擦の実態と対処法
4. 中国制造：在海外，中国制造的商品已经走进千家万户，甚至成为普通民众生活中不可或缺的部分。

文章の日本語訳問題

　　一項研究表明：一部苹果手机批发价是178.96美元，其中日本、德国、韩国分别通过制造相关零件能取得34%、17%、13%的分成，而中国最后组装只能拿到3.6%的分成，约6.5美元。然而，在现行的贸易统计方式下，整部手机178.96美元的批发价都被记在了中国出口的账上。据海关统计，今年前3季度，我国对外贸易出口13922.7亿美元，进口12851.7亿美元，贸易顺差达1071亿美元。在一般人看来，贸易顺差有多少，就意味着我们从对外贸易中"赚"到了多少。然而，事实究竟是不是如此呢？日前，在商务部与世贸组织联合举办的研讨会上，不少业内人士指出，传统的国际贸易统计方法严重扭曲了当前贸易实质，造成了"统计在中国、利润在外国"的奇怪现状。我国庞大的贸易顺差不能真实反映国际贸易的现状。　　　　（来源：人民网 2011年10月21日）

1. 批发价：厂家直接给予零售商的货物价格，一般来说，批发价要比零售价便宜。
2. 组装：（assembly）也可称装配，是机械制造过程中的最后一个阶段。机械产品的质量最终由装配工作保证。机械产品的一般都是由许多个零部件组成的。按照规定的技术要求，将若干个零件组和成组件、部件或将若干个零件的组件、部分组成产品的过程，称为组装或装配。

お役立ち情報サイト

商务部对外贸易司网站 http：//wms.mofcom.gov.cn/
腾讯财经 http：//finance.qq.com/
中国国际贸易促进委员会 http：//www.ccpit.org/
亚洲贸促论坛 AFPF http：//www.atpf.org/
中国东盟自由贸易网 http：//www.chinaaseantrade.com
人民网招商引智频道 http：//invest.people.com.cn/

練習問題の解答

練習一　1. F　2. A　3. C　4. E　5. B　6. D
練習二　1. B　2. A　3. E　4. F　5. C　6. D

第6課　对外投资

> **概要**
>
> 21世紀に入ると、中国政府は外国企業の誘致を継続する一方で"走出去"（海外進出）政策を採り、海外資源確保のため、あるいは中国企業に国際的企業への脱皮を図らせるために企業の海外進出を積極的に支援し始めた。また巨額に膨らんだ外貨準備を使い海外の債権や株式に投資を行うようになった。

1　（海外進出）近年来中国企业"走出去"步伐明显加快，截至2010年底，中国企业对外直接投资累计达到2600亿美元。中国企业进行投资的地区和国家已经达到177个，在境外设立了1.3万家企业，目前年度投资规模已经接近600亿美元，居全球前五位，在发展中国家排名第一。

2　（資源確保）首先，在加强国内地质找矿，提高国内资源保障程度的同时，鼓励地勘单位"走出去"到国外找矿，充分利用国外资源，分享全球人类的资源成果。

3　（海外ブランドの取得）上海最大的食品制造商光明食品正与英国联合饼干公司就收购事宜进行谈判，收购价为31.6亿美元。有分析指出，一旦收购成功，中国将取得英国食品市场一大份额和多个著名食品品牌。

4　（海外上場）科技型企业如互联网、新能源新技术行业的企业，比较适合在美国资本市场上市，而消费零售等传统领域企业适合在中国香港上市；相比之下，高端制造业类企业在欧洲市场容易受到追捧。

　　追捧：絶賛、称賛

5　（ソブリンファンド）在借鉴其他国家经验的基础上，我国于2007年9月成立了作为国家主权财富基金的中国投资有限责任公司。其组建宗旨非常明确，就是要实现国家外汇资金多元化投资，获取风险调整后较高的长期投资回报，以服务于国家宏观经济发展和深化金融体制改革。

　　国家主权财富基金：ソブリン・ウェルス・ファンド、国富ファンド

日本語訳例

1 ここ数年、中国企業の「海外進出」のテンポは明らかに加速しており、2010年末時点で中国企業の対外直接投資の累計は2600億ドルに達している。中国企業が投資を行っている地域や国はすでに177に上っており、海外に1万3000社の企業を設立し、現在のところ年度投資規模はすでに600億ドル弱で、世界のトップ5に位置し、発展途上国のなかでは第1位にランクしている。

2 まず、国内での地質探鉱を強化し国内資源による保障の程度を引き上げると同時に地質探査を行う事業者に「海外進出」して国外で探鉱を行うよう促す。国外の資源を充分に利用し、全世界の人々と資源開発の成果を分かち合う。

3 上海最大の食品メーカーである光明食品は現在イギリスのユナイテッドビスケット社と買収の件について交渉を行っており、買収金額は31億6千万ドル。買収が一たび成功すれば、中国はイギリスの食品マーケットにおける大きなシェアといくつもの有名な食品ブランドを取得することになるだろうと分析されている。

4 インターネットや新エネルギー・新技術産業の企業のような科学技術型企業は米国株式市場に上場することがわりと適しているが、消費小売り等の従来型の分野の企業は香港での上場が適している。それにひきかえ、ハイエンド製造業の類の企業は欧州市場において支持されやすい。

5 他の国の経験を鑑にして、我が国は2007年9月、ソブリンファンドとしての中国投資有限責任公司を設立した。その設立趣旨は非常に明確で、つまり国家の外貨資金投資の多様化を実現し、リスク調整後に長期的に投資回収を獲得することで、国家のマクロ経済発展と金融体制改革の深化に貢献しなければならないということである。

訳してみよう

1 今年以来，在美上市的中国公司由于部分中国公司的会计违规等诚信问题而遭到境外资本的大肆打压，市值缩水严重。

> 违规：規則違反をする。"违反规则"の略
> 诚信：信義誠実、信認
> 打压：抑圧する、株価指数を抑える
> 市值：市場価格、時価総額
> 缩水：減少する、下降する

2 由于基础设施普遍缺失，目前中国企业在海外投资的铁矿开采成本普遍较高，且明显高于三大矿山的开采成本。

> 缺失：不足する、欠如、不備

3 全球金融危机的蔓延，使得许多曾经令人羡慕的国际知名品牌，如今已是"唾手可得"。

> 唾手可得：手につばを吐くだけで容易に手に入れられる

4 甚至在路演的前一天，考虑销售利益的承销商和考虑上市业务利益的上市团队中，还有相当一部分人建议海辉延迟上市时间。

> 路演：ロードショー、機関投資家向け会社説明会
> 承销商：受託販売人、引受人

5 如何认识外汇储备，从汇率制度角度寻找提高货币政策效应的方法成为了人们颇为关注的问题。

> 外汇储备：外貨準備

関連語句

全球経済一体化	世界経済の一体化
跨国并购	クロスボーダーM&A
海外上市	海外上場
多元化投資	投資の多様化
増持国債	国債買い増し
跨境人民币結算	クロスボーダー人民元決済
热钱	ホットマネー、投機的な短期資金
风险投資	ベンチャーキャピタル

コラム

　中国企業の技術の向上と豊富な"**外汇储备**"（外貨準備）も相俟って、"**走出去**"（対外進出）が年々拡大しています。2010年、中国企業の対外投資額は500〜600億ドル、年末までの投資累計は2600億ドルに達し、"**十三五**"（第13次5カ年計画）終了年の2020年には2兆ドルに達する、という予測もあります。

　そうした中でトラブルも。アフリカなど"**发展中国家**"（発展途上国）への投資が地元民の雇用や地元産業の育成に十分還元されているか、一部メディアから疑問の声もあがっています。また、アメリカなどでの"**海外上市**"（海外上場）は、上場企業の信用性が問題にもなっています。また、進出企業の多くが国有大企業である状況をどう改善するかもテーマの1つです。

　いずれにせよ経済の"**全球化**"（グローバル化）が進む中、「"走出去"と世界との"**共赢**"（ウィンウィン）をどう調和させるか」は中国にとって大きな課題と言えましょう。

練習問題

一　適当な言葉をA～Fより選び、（　）の中に記入しなさい。

　　A　对外投资　　B　市场追捧　　C　市场份额　　D　上市　　E　风险　　F　收购

1. 相关统计数据显示，目前，创业板（　　　）公司已近300家，投资者开户数近2000万。
2. 宏达公司以9800万元的价格（　　　）上海佰金医疗公司股东所持有的佰金公司100%股权。
3. 近年来，在相关企业的宣传下，这类新型材料，被认为具有隔热、防晒、节能、环保、施工简易、工期短、见效快等特征，受到了（　　　）。
4. 随着"中秋"、"国庆"等黄金假期的到来，哈尔滨酒店旅游团购也着实火了一把，先后有8719人次参与消费，累计成交额128.6万元，所占（　　　）上升至11.2%。
5. 上涨了30年的房地产泡沫破灭后，必然会有一个慢长的下跌过程，这个过程至少是5年至10年，眼下越早降价卖出房地产转战股市，损失越小，（　　　）越小。
6. 为规避国际市场风险，当地公司纷纷撤回（　　　），转向地区内部市场寻求机会。

二　組み合わせが適切となるよう左右の言葉を線で結びなさい。

1. 降低　　　　A. 资源成果
2. 对外　　　　B. 市场份额
3. 分享　　　　C. 多元化投资
4. 取得　　　　D. 投资风险
5. 受到　　　　E. 经济贸易
6. 实现　　　　F. 市场追捧

●●研究テーマ例

1. 中国の資源政策と海外投資
2. 中国企業のM&Aの現状と課題
3. 発展途上国に対する中国の投資内容
4. 貿易壁垒：(Barrier to trade) 又称贸易障碍。对国与国间商品劳务交换所设置的人为限制，主要是指导一国对外国商品劳务进口所实行的各种限制措施。

文章の日本語訳問題

　　在第110届中国进出口商品交易会（广交会）上记者采访发现，礼品、家具等劳动密集型行业出口欧美的订单出现下滑，显示出这些行业受欧美经济不景气冲击较大。专家认为，劳动密集型行业必须转变粗放的发展方式，同时也需要相应的政策支持，避免对行业和就业造成太大冲击。山东曹普工艺有限公司的设计人员说，今年公司家具的订单总量和往年差不多，但其中欧美客户的订单减少了50%多，日韩等亚洲国家的采购量增加。另外，短单、小单明显增多。以前客户下单比较连续，如从2月到5月一直在陆续下单，年初下的订单可以排到年中。现在下一次单后，有一两个月又没有订单了。去年一个客户10月份下了一笔1000万元人民币的订单，今年这个客户只下了一笔订单，内容只有一两个货柜。感觉今年秋交会明显比春交会更为冷清。

　　专家对劳动密集型行业出口前景表示出担忧。

（来源：《证券日报》2011年10月24日）

1. 中国进出口商品交易会：简称广交会，创办于1957年春季，每年春秋两季在广州举办，迄今已有五十余年历史，是中国目前历史最长、层次最高、规模最大、商品种类最全、到会客商最多、成交效果最好的综合性国际贸易盛会。
2. 劳动密集型：第2課の「文章の日本語訳問題」の注釈1.を参照。

☞ **お役立ち情報サイト**

中国出口贸易网 http：//www.cnexpnet.com/
中国进出口商品交易会官网 http：//www.cantonfair.org.cn/cn/
中国商人网 http：//www.chinaexporter.com/
商务部国际贸易经济合作研究院 http：//www.caitec.org.cn/cn/index.html
中国自由贸易区服务网 http：//fta.mofcom.gov.cn/

練習問題の解答

練習一　1. D　2. F　3. B　4. C　5. E　6. A
練習二　1. D　2. E　3. A　4. B　5. F　6. C

第7課 労働

概要

新労働契約法により労働者の地位が大きく改善されたこともあり、少しでも待遇の良い職場や条件の改善を求める動きが目立つようになった。また都市化の波が内陸の地方都市に及ぶにしたがい、主に沿岸都市で働いていた出稼ぎ農民は出身地に近いところで職を得られるようになったため、沿岸部での労働者不足・賃金上昇を引き起こすようになっている。

1. （労働契約期間）在劳动合同期间，乙方仍享受统一规定的有关津贴、物价补贴、计划生育、住房补贴、养老保险、**独生子女费**以及法定的公休节假日、**探亲假**、婚丧假、产假和甲方规定的职工休假等。
   养老保险：年金保険

2. （労働災害保険）用人单位在注册地和生产经营地均未参加工伤保险的，农民工受到事故伤害或者患职业病后，在生产经营地进行工伤认定、劳动能力鉴定，并按照生产经营地的规定依法由用人单位支付工伤保险待遇。
   工伤：労災、労働傷害

3. （出稼ぎ農民）由于我国农村剩余劳动力数量庞大，曾经连绵不断的民工潮令企业家们错误认为，民工是无限供给的廉价劳动力，因此，在劳动力密集型企业中民工被密集且廉价地使用，民工的生存环境恶劣，民工的劳动力价格长期被严重扭曲，并已达到了极不合理的低水平。
   民工潮：出稼ぎブーム、出稼ぎ農民の都市部への大量流入

4. （ルイスの転換点）如果说，发展劳动密集型产业、尽可能多地创造就业岗位是中国经济跳出"贫困陷阱"的历史选择，那么当超越"刘易斯转折点"（即劳动力由过剩走向短缺的转折点）时，保护知识产权、鼓励创新就显得更为重要和迫切。
   贫困陷阱：貧困の罠（途上国・中進国が陥りやすいと言われる）

5. （国家公務員行動規範）遵守国家法律、法规和规章，按照规定的职责权限和工作程序履行职责、执行公务，依法办事，严格执法，公正执法，文明执法，不滥用权力，不以权代法，做学法、守法、用法和维护法律、法规尊严的模范。（国家公务员行为规范）

日本語訳例

1. 労働契約期間において、乙は統一的に規定された関連の手当・物価補助・計画出産手当・住宅手当・年金保険・一人っ子手当および法定休日祝祭日・帰省休暇・結婚休暇・忌引き・出産休暇と甲が規定する従業員休暇等を以前通り享受する。

2. 雇用者が、登録地と生産拠点・経営拠点のいずれにおいても労災保険に加入しておらず、出稼ぎ農民が事故傷害あるいは職業病にかかった場合、生産拠点・経営拠点にて労災認定・労働能力評価を行い、そして生産拠点・経営拠点の規定に従い、法規によって雇用者が労災保険相当のものを支払うこと。

3. 我が国の農村における余剰労働力の量は膨大で、かつて絶えることなく連綿と起こった出稼ぎブームは、企業経営者たちに、出稼ぎ農民は永遠に供給される安価な労働力だと誤って認識させた。このために労働集約型企業においては出稼ぎ農民が大量にかつ安価に使われ、出稼ぎ農民の生活環境は劣悪で、彼らの労働力対価は長期にわたって甚だしくゆがめられ、その上極端に不合理な低い水準に到達してしまっている。

4. もしも、労働集約型産業を発展させることやできる限り多くの就業ポストをつくり出すことが、中国経済が「貧困の罠」から抜け出す歴史的選択となるなら、「ルイスの転換点」(すなわち労働力が過剰から不足に向かう転換点)を超えるとき、知的財産権を保護することやイノベーションを促すことは明らかにより重要で切実なものとなる。

5. 国家の法律・法規とルールを遵守し、規定された権限と手続きにしたがって職責履行・公務執行し、法により手続きを行い、厳格に、公正に、公序良俗にしたがって法を執行し、権力の濫用、法に代わる権力の使用をしてはならず、法を学び・法を守り・法を用い、法律・法規の尊厳を守る模範となること。
   ▶国家公務員行動規範ですので、「就業規則」などと同様、「〜すること」「〜せぬこと」のような訳し方が求められます。

上海の日本企業で働く中国人従業員

訳してみよう

1 《劳动合同法》第三十五条明确规定，用人单位与劳动者协商一致，可以变更劳动合同约定的内容。变更劳动合同，应当采用书面形式。

　　书面形式：書面形式（紙書類を使って確認する方法）

2 职工所在的用人单位如果没有依法缴纳工伤保险费，发生工伤事故的，由用人单位支付职工的工伤保险待遇。

　　用人单位：雇用者、雇用側、使用者側

3 即使外来农民工能在大城市有一份稳定的工作，户口问题不解决，他们无法获得与户籍挂钩的相关权利与社会保障，就无法真正在大城市安家落户。

　　户口问题：戸籍問題
　　挂钩：連動する、リンクする

4 有报道指珠三角劳工短缺达200万人，即使企业大幅提高工资仍要面对招工难的窘境。

　　招工难：募集難、従業員募集が困難
　　窘境：窮地、苦境

5 国考人数急剧扩容，主要是考生真的都想吃皇粮，都想端上金饭碗。真正让大家趋之若鹜的其实是稳定，是一个稳定的预期，是稳定背后的高福利。

　　国考：国家公務員試験
　　扩容：容量を拡大する、規模・数量などを拡大する
　　吃皇粮：国の金で生活する、国の経費で運営される組織で働く
　　金饭碗：高い給料の仕事

関連語句

合法权益	合法的権益
四金	年金保険・健康保険・失業保険・住宅積立金のこと
工薪阶层	サラリーマン層
最低工资	最低賃金
同工同酬	同一労働同一賃金
用工荒	労働者不足
非法用工	不法雇用
人才市场	人材市場、労働市場（求職側と募集側のマッチングを図る）

コラム

　2010年のある調査では、75.2%の労働者が「収入分配構造が非常に不公平」、61%が「収入が低すぎる」と感じています。経済成長の一方、2006〜2010年の5年間で給与が増えなかった労働者は23.4%にも。"**同工同酬**"（同じ仕事なら同じ給料）、"**最低工资**"（最低賃金）のアップが叫ばれるのは当然でしょう。

　社会保障の整備が不十分であることから、医療・教育・住宅・老人の扶養などにかかる費用が大きく家計にのしかかり、"**房奴**"（住宅ローンの返済に追われる人）、"**孩奴**"（子供の教育費の支払いに追われる人）、"**节奴**"（節約の鬼）、"**白奴**"（各種支払いに追われる貧困ホワイトカラー）、"**菜奴**"（野菜価格高騰に悩まされる人）といった言葉も。

　若い世代は今まさに結婚適齢期に突入、負担を軽くしようと"**全裸婚**"（着の身着のままで）、"**半裸婚**"（最低条件をクリアしていれば）も出現していますが、消費観念が大きく異なる若者たちの生活の安定をどう実現するかは今後の社会の安定にも深く関わってきます。

練習問題

一　適当な言葉をA～Fより選び、（　　）の中に記入しなさい。

> A　津贴　B　工伤保险　C　职业病　D　就业岗位　E　剩余劳动力　F　农民工

1. 据统计，湖南省目前接触有毒有害、危险因素从业人员达506万人，每年新增（　　）3000例以上。
2. 随着越来越多的农村（　　）向城市转移，现在全中国的农民工（也称民工）大概有1亿人以上。
3. 从今年开始，衡南县90至99周岁老年人将领取高龄生活（　　）。
4. 天津经济技术开发区将为商南县提供一万多个（　　），满足商南不同层次务工人员就业选择。
5. 劳务关系从实际用工之日起，因工作原因在工作场合造成的伤害都属于工伤，而工伤属于无过失责任，一旦被认证，受伤员工便有权利享受（　　）。
6. （　　）的合法权益在城市里受到侵害的情况是一个十分普遍的现象，与此同时，保护他们合法权益也是一个社会各方高度关注的问题。

二　組み合わせが適切となるよう左右の言葉を線で結びなさい。

1. 享受　　A. 养老保险
2. 参加　　B. 知识产权
3. 进行　　C. 国家法律
4. 支付　　D. 工伤保险待遇
5. 保护　　E. 住房补贴
6. 遵守　　F. 劳动能力鉴定

●●研究テーマ例

1. 農民工の動向
2. 中国の労働契約に関する取り組み
3. 中国の最低賃金制と所得税問題
4. 考公族：指准备参加公务员考试的那些人。

文章の日本語訳問題

　　"用工荒"现象的产生具有深刻的原因。一是劳动力总量供求格局在改变，农村富余劳动力明显减少。二是新生代农民工对工作环境、福利待遇、发展机会、文化生活等有了更高的要求。三是中西部地区承接劳动密集型产业转移加速，而东部地区产业升级过慢，导致低端劳动力需求增大。四是农民工在东部和中西部地区就业的比较收益差距在逐步缩小，而生活成本差距和幸福感差距越来越大，大量农民工选择就地就业创业。五是一些企业存在薪酬待遇低、发展前途不确定、管理不到位、对员工合法权益保护不够、公共服务缺位等问题，加剧了农民工流失。六是职业技能教育培训不够，而企业在转型升级中对技工的需求却迅速增加。　　（来源：《人民日报》2011年10月12日）

1. "用工荒"现象：指用工短缺现象。相对于持续多年的民工潮，用工荒的出现是多方原因造成的，其中既受世界经济形势影响，也和农民工待遇问题有很大关联。
2. 农村富余劳动力：在一定的生产水平下，农村实际需要的劳动力数小于农村现有劳动力数。
3. 福利待遇：一般指现在劳动法所规定的劳动保障和社会保障。现在的福利待遇指企业为了保留和激励员工，采用的非现金形式的报酬。

お役立ち情報サイト

中国劳保网 http：//www.chinalaobao.com/
中国人力资源和社会保障部网 http：//www.mohrss.gov.cn/index.html
劳动法网 http：//www.lawtime.cn/info/laodong/
中国劳动保障报 http：//www.clssn.com/html/node/1-1.htm
劳动报 http：//www.admaimai.com/newspaper/Detail10_2017.htm

練習問題の解答

練習一　1. C　2. E　3. A　4. D　5. B　6. F
練習二　1. D　2. A　3. F　4. E　5. B　6. C

第8課　経理　財務

> **概要**
>
> 中国で設立された企業に適用される会計基準には現在のところ２種類ある。日系企業を含むほとんどの外国投資企業と一部の中国企業に適用されている「企業会計制度」と呼ばれるものと、2006年に制定され2007年から適用対象を拡大しつつある「新会計準則」である。また中国財政省はこの新会計準則を国際財務報告基準（IFRS）に統合する方針を表明している。

1. （会計準則）财政部发布了《关于印发中国企业会计准则与国际财务报告准则持续趋同路线图的通知》，征求意见稿明确了会计准则与国际准则完成持续全面趋同的时间为2011年，全面阐述了推进我国企业会计准则与国际财务报告准则持续趋同的重要意义。

    趋同：同調する、１つの方向性を共有する

2. （バランスシート）资产负债表反映的是企业资产、负债、所有者权益的总体规模和结构。即，资产有多少；资产中，流动资产、固定资产各有多少；流动资产中，货币资金有多少，应收账款有多少，存货有多少，等等。

    所有者权益：株主資本、所有者持分
    应收账款：売掛金

3. （損益計算書）由于利润是企业经营业绩的综合反映和体现，又是进行利润分析的主要依据，企业的投资者和经营者必须明白利润表的主要结构。

4. （キャッシュフロー）随着企业经营的扩展与复杂化，对财务资讯的需求日见增长，更因许多企业经营的中断肇因于资金的周转问题，渐渐地，报道企业资金动向的现金流量表也获得许多企业经营者的重视，将之列为必备的财务报表。

    现金流量表：キャッシュフローチャート
    财务报表：財務諸表

5. （接待費）业务招待费是指企业在经营管理等活动中用于接待应酬而支付的各种费用，主要包括业务洽谈、对外联络、公关交往、会议接待、来宾接待等所发生的费用，例如招待餐费、招待用烟茶、交通费等。

日本語訳例

1　財政省は「中国企業会計準則と国際財務報告基準の収斂継続のロードマップを配布することに関する通知」を公布した。公開草案は会計準則と国際基準の全面的収斂完成の時間は 2011 年であると明確にし、我が国企業会計準則と国際財務報告基準を継続して収斂させることの重要な意義を全面的に述べている。

2　バランスシートが反映しているのは、企業の資産・負債・株主資本の全体規模と構造である。すなわち、資産をどれほど有しているか。資産の中で流動資産・固定資産はそれぞれどれほどあるか。流動資産のうち、貨幣資金はいくらあるか、売掛金はいくらあるか、在庫はいくらあるか等々である。

3　利益は企業経営業績の総合的な反映と体現であるため、また利益分析の主要な拠り所であるため、企業の経営者や投資家は損益計算書の主たる構成を理解しなければならない。

4　企業経営の拡大と複雑化に伴い、財務コンサルタントに対するニーズは日に日に増大している。そのうえ多くの企業経営の中断が資金繰り問題によって引き起こされているため、徐々にではあるが、企業の資金動向を報告するキャッシュフローチャートも多くの企業経営者から重視されており、これを必須の財務諸表に列している。

5　業務招待費とは、企業が経営管理などの活動において接待・交際に用いられ支払われる各種の費用を指しており、招宴費・接待用のタバコやお茶・交際費などのように、業務商談・外部との繋がり・パブリックリレーション・会議接待・来賓接待等で発生する費用が含まれる。

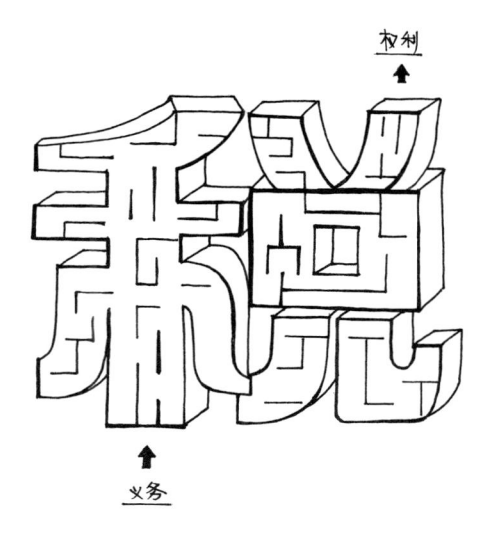

税と格闘する企業経理

訳してみよう

1 新会计准则将提高中国跨行业财务报表的可比性，并帮助外国投资者分析和理解中国企业的财务报表，使得中国企业对国内外投资者更有吸引力。

　　跨行业：業種を跨ぐ
　　可比性：比較可能性

2 当资产负债表列有上期期末数时，称为"比较资产负债表"，根据股权有密切联系的几个独立企业的资产负债表汇总编制的资产负债表，称为"合并资产负债表"。

　　资产负债表：貸借対照表、バランスシート
　　汇总：集計する、ひとまとめにする

3 这一将收入与相关的费用、损失进行对比，结出净利润的过程，会计上称为配比。

　　净利润：純利益
　　配比：費用配分

4 如果企业现金净增加额主要是由于筹资活动引起的，意味着企业将支付更多的利息或股利，它未来的现金流量净增加额必须更大，才能满足偿付的需要，否则，企业就可能承受较大的财务风险。

　　净增加额：純増加額、ネット増加額
　　筹资：資金を調達する。"筹措资金"の略
　　股利：配当、株式の配当金

5 纳税人发生的与其经营业务直接相关的业务招待费，在下列规定比例范围内，可据实扣除：全年销售（营业）收入净额在1500万元及其以下的，不超过销售（营业）收入净额的5‰；全年销售（营业）收入净额超过1500万元的，不超过该部分的3‰。

　　据实：ありのまま、実額に基づき
　　扣除：控除する

関連語句

报销	立替え費用を清算する
误餐补贴	食事手当
税项	税、税金
个税	個人所得税
应付账款	買掛金
资信公司	信用調査会社

コラム

　経済の発展とともに、企業経営の近代化も大きなテーマになっています。株式を上場する企業には、経営の透明性を高めることが厳しく要求されますし、さまざまな企業努力も大事なポイントです。2011年に中国企業連合会が"**企业管理现代化创新**"（企業管理現代化の革新）の成果として184の国レベルの成果を発表したのはその一環と言えましょう。

　また、同年の財務に関する公式調査報告では、企業の融資獲得形態（複数項目選択）で大企業は長期の"**银行贷款**"が82.4％と圧倒的、"**民间借贷**"19.2％、"**银团贷款**"16.5％、"**上市**"16.1％、"**短期融资券**"12.9％など、中・小企業は"**民间借贷**"がそれぞれ48.3％、67.8％を占めていることが明らかになっています。

　中国の大企業の最近の特徴的変化は"**企业集团**"（企業グループ）の"**网络化**"（ネットワーク化）。内部の各企業は独立した経営実態を持ち、統括する中枢は情報交流と協調システムという、分散型や混合型が出現し、企業集団同士の"**强强联合**"も始まっています。

練習問題

一 適当な言葉を A〜F より選び、（　）の中に記入しなさい。

> A 利润　B 资金　C 负债　D 接待　E 洽谈　F 费用

1. 《意大利足球》透露，尤文图斯在 2010–2011 财年的（　　）接近 1 亿欧元，这是俱乐部历史上财政最困难的一年。
2. 有消息称，包括中国在内的新兴国家已经同意通过国际货币基金组织（IMF）向欧盟提供（　　）支持。
3. 目前淘宝商城通过帮助商家盈利而提取交易佣金的盈利模式非常有效，并且（　　）率很高。
4. 国内各银行异地转账的（　　）标准差别不大。
5. 今年武汉市"十一"期间（　　）游客 2000 万人次。
6. 昨天陕西—香港经贸合作推介（　　）会在香港隆重举行。

二 組み合わせが適切となるよう左右の言葉を線で結びなさい。

1. 发布　　　A. 意见
2. 征求　　　B. 重视
3. 阐明　　　C. 费用
4. 获得　　　D. 来宾
5. 支付　　　E. 联络
6. 对外　　　F. 意义
7. 接待　　　G. 通知

●●研究テーマ例

1. 中国の現行会計基準の特徴
2. 日米中会計基準の比較分析
3. 中国の上場企業の経営内容の透明性について
4. 三公经费：是指政府部门公务出国经费、公务用车购置及运行费、公务接待费三项。

文章の日本語訳問題

　　据《经济参考报》报道，中央单位公务接待一年花费超过 14 亿，而尚未完全公开的地方公务接待费用则无从计算，这成为"三公消费"泛滥的一面镜子。如今，治理公务接待腐败这一顽疾到了势在必行的时候，专家也为此开出了各种"药方"。截至 8 月 9 日，已有 94 个部门公开了"三公"经费。在已公开的"三公"经费中，记者统计发现，除了被业界质疑的公务用车购置及运行费占"三公"经费六成以上之外，用于公务接待的费用竟然达到了 143799.2 万元，而财政部公布的中央本级"三公"经费财政拨款预算中，公务接待费则高达 15.19 亿元。不过，一个个令公众咂舌的公务接待费用数据背后却是一笔糊涂账。从官员到专家没有一人能说出其中的大概数字，相关部门也只是笼统地对数据进行了解释。事实上，公务接待费高昂受到质疑已非一两天。

　　　　　　　　　　（来源：《经济参考报》2011 年 9 月 11 日）

1. 中央单位：指与财政部发生预算缴款、拨款关系的国家机关、事业单位和社会团体。
2. 公务接待：以国家公共管理机关为主体，以公共管理事务为目的，以协调公共关系为内容，按照较高的物质技术条件和精神条件来进行的接待行为。
3. 财政拨款：政府无偿拨付给企业的资金，通常在拨款时明确规定了资金用途。其资金来源一般为本级政府财政收入，一般用于公共事业（教育、卫生、交通、市政、科研、国家大中型建设项目等）的资金。

お役立ち情報サイト

中国国家财政部网站 http：//www.mof.gov.cn
中国财经报网 http：//www.efen.com.cn
人民网财经频道 http：//www.people.com.cn
中国会计网校 http：//www.chinaacc.com/
中国税务网 http：//www.ctax.org.cn/

練習問題の解答

練習一　1. C　2. B　3. A　4. F　5. D　6. E
練習二　1. G　2. A　3. F　4. B　5. C　6. E　7. D

第9課 インフラ投資

概要

1990年代に始まった"五纵七横"（南北に5本、東西に7本の幹線国道）や"村村通公路工程"（全ての村に自動車道）などの道路建設プロジェクトとそれに付随する橋梁建設、リーマンショック後の経済危機を乗り切るために4兆元の財政出動がなされた際に建設が加速した高速鉄道網の建設、大量コンテナ輸送に対応した港湾建設、通信インフラの整備等々インフラ投資は経済成長の原動力となっている。

1. （高速鉄道網建設）目前，我国投入运营的高速铁路已达到6552营业公里。其中，新建时速250～350公里的高速铁路有3676营业公里；既有提速达到时速200～250公里的高速铁路有2876营业公里。

2. （農村へのエネルギー供給）加强农村能源建设，继续加强水电新农村电气化县和小水电代燃料工程建设，实施新一轮农村电网升级改造工程，大力发展沼气、作物秸秆及林业废弃物利用等生物质能和风能、太阳能，加强省柴节煤炉灶炕改造。
    生物质能源：バイオマスエネルギー　　　风能：風力エネルギー。"风力能源"の略

3. （ガス輸送網の建設）统筹天然气进口管道、液化天然气接收站、跨区域骨干输气网和配气管网建设，初步形成天然气、煤层气、煤制气协调发展的供气格局。
    输气网：ガス輸送網、ガス輸送パイプライン網
    配气管网：ガス配管網（ガスの消費者に最も近い部分）

4. （通信ネットワーク）统筹布局新一代移动通信网、下一代互联网、数字广播电视网、卫星通信等设施建设，形成超高速、大容量、高智能国家干线传输网络。
    高智能网络：インテリジェントネットワーク

5. （ブロードバンド）引导建设宽带无线城市，推进城市光纤入户，加快农村地区宽带网络建设，全面提高宽带普及率和接入带宽。
    宽带：ブロードバンド　　　　　　　　光纤：光ファイバー。"光导纤维"の略
    接入：アクセス、アクセスする

日本語訳例

1. 現在、我が国が運行を始めた高速鉄道はすでに6552営業キロに達している。そのうち、新しく建設した時速250〜350kmの高速鉄道が3676営業キロあり、既設線で速度を200〜250kmまで上げた高速鉄道が2876営業キロある。

2. 農村のエネルギー建設をし、水力発電新農村電化県プロジェクトと小型水力発電燃料代替プロジェクトの建設を引き続き強化し、農村送配電網グレードアップ改良工事を新たに実施し、メタンガスや作物のワラおよび林業廃棄物等を利用したバイオマスエネルギーと風力エネルギー・太陽エネルギーを大いに開発し、薪・石炭節約型のコンロ・かまど・オンドルの改造を強化する。

3. 天然ガス輸入のパイプライン・液化天然ガス受け入れ基地・地域間幹線ガス輸送網と配管網の建設を統一的に計画し、天然ガス・石炭層ガス・石炭由来天然ガスのバランスのとれたガス供給方式を基本的に形成する。

4. 新世代移動通信ネットワーク・次世代インターネット・デジタルラジオテレビ網・衛星通信等の施設の建設を統一的に計画・配置し、超高速・大容量・インテリジェントな国家の幹線伝送ネットワークを形成する。

5. ワイヤレス・ブロードバンド都市の建設をリードし、都市での戸別光ファイバー引込みを推進し、農村地域のブロードバンドネットワーク建設を加速して、ブロードバンドの普及率とアクセス帯域幅を全面的に拡大する。

拡充された湛江の港湾設備

訳してみよう

1. 特别是在"保在建，上必须，重配套"的原则之下，不仅新项目的审批"难上加难"，一度大张旗鼓的城市轨道建设也"低调"了不少。

    大张旗鼓：大々的に
    低调：控え目、冷える、調和がとれていない

2. 在我国开发生物质能源的相关技术条件和法律环境已经具备，但发展农村生物质能源面临着技术研发费用成本高、投资风险大和能源使用价格高等市场障碍。

    法律环境：法的な枠組み
    研发：研究開発。"研究开发"の略

3. 中石油经过这几年勘探开发，形成了塔里木、长庆、西南和青海四大天然气产区。

    中石油："中国石油天然气集团公司"の略称
    塔里木：タリムガス田（新疆ウイグル族自治区にある）

4. 截至 2010 年底，我国网民人数攀升至 4.57 亿，创历史新高；全国 100% 的乡镇通互联网；全国手机网民规模超 3 亿。

    网民：インターネットユーザー
    攀升：上昇する、高騰する
    创…新高：最高記録を塗り替える、新たな最高記録をつくり出す

5. 中国电信计划在未来三年实现全国**县级以上城市**的宽带网络全部光纤化，三**级以上城市**实现 4M 以上接入。

関連語句

拉动内需	内需促進、内需牽引
长三角经济圈	長江デルタ経済圏
环渤海经济圈	環渤海湾経済圏
西气东输	西の天然ガスを東に輸送するパイプライン建設工事を指す
西电东送	中西部で発電した電気を東部へ送電するプロジェクト
南水北调	長江の水を北方にひくプロジェクト
家电下乡	「家電を農村に」という政策スローガン
汽车下乡	「自動車を農村に」という政策スローガン
磁浮列车	リニアモーターカー
单轨车	モノレール

コラム

　1996年からの"九五"、2001年からの"十五"で鉄道・道路・航空・港湾の建設に全力を振り絞った中国。これと平行して電力や電話・インターネットといったインフラ整備も進みました。その成果が効果を発揮したのがリーマンショック後の経済対策。電気と自動車の"村村通"が"家电下乡""汽车下乡"を可能にし、交通インフラ整備に伴った2005年からの"万村千乡工程"（全ての農村にスーパーを）が農村を消費市場に変える尖兵になりました。

　また、全国的な交通網の整備が各"经济圏"（経済圏）を結び、物流と流通がダイナミックに機能し始めています。地方のハブ空港の拡充に合わせたトラック輸送網が整備されたことで、宅配便といった小口物流も急速に広がり、ネットビジネスを支える柱になりつつあります。また、各経済圏の中心都市はさらなる発展を目指し、"智能电网"（スマートグリッド）、"智能城市"（スマートシティ）への取り組みを始めています。

練習問題

一 適当な言葉を A～F より選び、（　）の中に記入しなさい。

> A 能源　B 网络　C 通讯　D 统筹布局　E 工程　F 运营

1. 知名快餐连锁业麦当劳正式在中国开通（　　　）订餐服务，消费者只需在 PC、平板电脑、手机等的浏览器上输入网址即可在线订餐。
2. 所谓"零能耗建筑"，即这种建筑基本不消耗煤炭、石油、电力等（　　　），就能维持建筑的正常运转。
3. 为缓解日益突出的道路拥堵矛盾，今年市区实施 9 个道路交叉口渠化改造（　　　）。
4. 10 月 28 日，天津滨海新区北塘污水处理厂正式投产（　　　）。
5. 网络电话的出现让手机和网络的互联成为可能，并为全球手机和网络用户们真正迎来了 4G 时代，也对传统手机（　　　）方式提出了严峻的挑战。
6. 在设计上，该项目的总体（　　　）考虑了建筑、道路、环境等之间的和谐。

二 組み合わせが適切となるよう左右の言葉を線で結びなさい。

1. 提高　　　A. 格局
2. 接入　　　B. 新能源
3. 形成　　　C. 改造工程
4. 实施　　　D. 普及率
5. 加强　　　E. 宽带
6. 发展　　　F. 能源建设

●●研究テーマ例

1. 中国の港湾建設の現状とその役割
2. 中国の農村における生活インフラ建設について
3. 中国の高速鉄道の建設と地域発展計画

文章の日本語訳問題

　　全球正掀起高铁热潮，各国政府争相要建高铁来促进经济繁荣。在<u>维多利亚时代</u>，铁路确曾引领英国进入一个繁荣发展的黄金时代；现在发达国家的政客们也同样希望那些时速能超过 250 英里（400 公里）的新型快速列车能引领人类进入一个新的黄金时代。但是，高速铁路很少能够像它的支持者们所预想的那样带来广泛的经济效益。英国<u>《经济学人》杂志</u>近日刊文提醒各国政界人士在大笔投资高铁之前，必须三思，尤其是沉迷于这一现代化交通工具的英国政府应该对此进行重新审视。文章还举了一个颇有讽刺意味的例子，1830 年，在由利物浦至曼彻斯特的铁路开通的时候，一位英国官员由于没能认出一辆正驶向他的火车而被撞死。

　　　　　　　　　　　　　　　　　　　　　　（来源：中国报道 2011 年 10 月 18 日）

1. 维多利亚时代：(Victorian era)，1837 年～1901 年，即维多利亚女王（Alexandrina Victoria）的统治时期。被认为是英国工业革命和大英帝国的峰端。亦有学者认为是一个新的文化时期的开端。
2. 《经济学人》杂志：是一份由伦敦经济学人报纸有限公司出版的杂志，在全球发行。它主要关注政治和商业方面的新闻，但是每期也有一两篇针对科技和艺术的报导，以及一些书评。除了常规的新闻之外，每两周《经济学人》还会就一个特定地区或领域进行深入报道。

☞ お役立ち情報サイト

中国移动通讯网 http：//www.10086.cn
交通运输部规划研究院 http：//www.tpri.gov.cn/index.action
高速铁路建设网 http：//gtjschina.com/
铁道部 http：//www.china-mor.gov.cn
中国铁道科学研究院 http：//www.rails.com.cn/
矿产资源网 http：//www.sxkczy.com/
新华网新农村建设专题 http：//www.xinhuanet.com/politics/jsshzyxnc

練習問題の解答

練習一　1. B　2. A　3. E　4. F　5. C　6. D
練習二　1. D　2. E　3. A　4. C　5. F　6. B

第10課　住宅

> **概要**
>
> 都市部における住宅（主体はいわゆるマンション）が商品化され市場で売買されるようになると、個人の投資資金・企業の余剰資金・海外からの投機資金等が次々と流入したためマンション市場は数年にわたって上昇を続けた。政府は住宅ローンの適用条件を厳しくするなどの購入制限策を講じ価格高騰に歯止めをかける一方で、低所得者向け住宅建設を積極的に行うなど社会弱者の救済にも努めている。

1. （住宅政策）坚持政府调控和市场调节相结合，加快完善符合国情的住房体制机制和政策体系，逐步形成总量基本平衡、结构基本合理、房价与消费能力基本适应的住房供需格局，实现广大群众住有所居。

2. （保障性住宅建设）建立稳定投入机制，加大财政资金、住房公积金贷款、银行贷款的支持力度，引导社会力量参与保障性住房建设运营。
   住房公积金：住宅積立金

3. （価格動向）从昨天公布的新建住宅和二手住宅分类来看，6月份，新建商品住宅价格环比上涨的城市明显减少，二手住宅价格环比上涨的城市小幅增加；就同比来看，新建住宅与二手住宅价格下降的城市均有所减少。
   二手住宅：中古住宅

4. （住宅購入制限）为了抑制房产市场过热的势头，中国政府多管齐下，除了自去年秋季以来3度上调政策利率、采取金融紧缩对策外，还推出了第2套住房限购政策、及首付较少时不得贷款等多项举措。
   房产：家屋不動産　cf. **房地产**：不動産（家屋と土地）
   多管齐下：同時に多方面から解決を図る　　　　　**首付**：頭金を支払う

5. （マンション定価販売規定）国家发展改革委指出，出台《商品房销售明码标价规定》的目的，是为了规范商品房经营者的价格行为，提高商品房销售价格的透明度，切实解决商品房销售不标价、乱标价、信息不透明以及价格欺诈等问题，切实维护广大消费者的知情权和切身利益。
   商品房：分譲住宅、多くは日本のいわゆる「マンション」を指す
   明码标价：商品の価格や内容を明示すること、正札をつける　　**知情权**：知る権利

日本語訳例

1. 政府によるコントロールと市場による調節を互いに結びつけることを堅持する。国情に合った住宅体制の仕組みと政策体系の整備を加速し、総量が基本的にバランスよく、構成が基本的に合理的で、住宅価格と消費力が基本的に適応している住宅の需給構造を徐々に形成し、広範な大衆に住む所があるということを実現する。

2. 安定的な資金投入メカニズムを作り、財政資金・住宅積立金ローン・銀行ローンのサポート力を拡大し、保障性住宅の建設・運営に民間パワーが参入するようリードする。

3. 昨日公表された新築住宅と中古住宅の分類から見ると、6月、新築住宅価格が前月比上昇した都市は顕著に減少し、中古住宅価格が前月比上昇した都市は小幅に増加した。前年同月比について見ると、新築住宅と中古住宅価格が下がった都市はおしなべてささか減少した。

4. 住宅市場の過熱傾向を抑えるため、中国政府は多方面から解決を図っている。昨年秋より政策金利を3回上げたこと・金融引き締め策を採ったことのほかに、2軒目の住宅購入を制限する政策および頭金支払いが少ないときには住宅ローンを貸し付けてはならない等の多くの措置もおし進めた。

5. 「分譲住宅販売の正札表示規定」が打ち出された目的は、分譲住宅販売者の価格行為を規範化し、分譲住宅販売価格の透明度を高め、分譲住宅販売における価格不表示・でたらめな価格表示・不透明な情報および価格詐欺等の問題を実情に合わせて解決し、多くの消費者の知る権利と直接的な利益を適切に守るためである、と国家発展改革委員会は指摘している。

上海市宝山区の高層マンション群

訳してみよう

1 选择银行按揭方式付款，年龄与按揭年限之和男性不超过60，女性不超过55；具有稳定合法的职业和收入来源，月供贷款不能超过月收入的50%。

　　按揭：抵当を設定した分割払い、銀行のいわゆる住宅ローン
　　月供贷款：月払いのローン

2 如此大手笔，给力保障房建设，这对于申城买不起商品房和无能力自行解决住房问题的贫困家庭或中低收入家庭的人群无疑是个福音。

　　大手笔：気前のよい行為、規模が大きく影響力のある行為
　　给力：力を与える、パワーを与える
　　保障房：保障性住宅（中低所得者向け住宅、政府補助がついている）。"保障性住房"の略

3 房价高、上涨过快，住房难是近年来许多群众所抱怨和关注的问题。

4 截至2011年2月，已有36城市提出限购；新一轮住房限购城市将翻番达72个。2011年8月17日，住建部下发二三线城市限购标准。

　　限购：購入制限
　　下发：通達する、文書などを下部機関に配布する
　　二三线城市：地方都市、内陸都市。戦時用語の"第二道防线"から

5 发改委措辞相当严厉，表示经营者不按《商品房销售明码标价规定》执行的行为，发现一起，查处一起，严肃处理并公开曝光，以儆效尤。

　　以儆效尤：厳しく罰して他者への戒めとする

関連語句

剛性需求　硬直的需要
经适房　　"経済适用房"のこと、中低所得者向けの安価な分譲住宅
廉价房　　中低所得者向けの安価な分譲住宅
公租房　　"公共租赁房"のこと、政府が所有し住宅取得困難者に市場価格よりも安い家賃で貸し出す住宅
地王　　　土地使用権価格がいかに高くとも購入しようとする不動産業者
限外令　　その地に戸籍を有しない人には住宅を販売しない政策

コラム

　2011年1月26日、国務院は新"**国八条**"(不動産市場調整関連問題をより着実に行うことに関する通知)を打ち出しました。不動産バブルは、積極財政策や"**热钱**"(ホットマネー)の流入のほかに、家を購入していないと結婚してもらえない、という民間の風潮も関係しています。北京市では2010年、住宅購入者に占める30歳未満の割合が38%、初めて住宅ローンを申し込む人の平均年齢が27歳でした。給料の半分以上が住宅ローンの支払いに消える例も少なくなく、"**先租后买，先小后大**"という"**理性消费**"が声高に叫ばれる所以でもあります。

　住宅価格の高騰で住宅を確保できない人たちの問題もクローズアップ。"**蜗居**"(狭い空間)に暮らさざるを得ない人たち、都市と農村の境目で細々と暮らす職のない大卒の"**蚁族**"(アリ族)たちが話題になりました。低収入で住居が手に入らない人たち向けの"**保障房**"の建設も大々的に始まっていますが、過去の"**廉租房**"や"**経済适用房**"の場合同様、不正購入が後を絶たず、前途多難を思わせます。

練習問題

一　適当な言葉をA～Fより選び、（　）の中に記入しなさい。

> A 调节　B 贷款　C 二手房　D 房地产市场　E 过热　F 知情权

1. 这套房子是（　　　），是2006年二人购置的婚房，40平米左右的小屋从当时的30多万一路狂涨，最高价甚至达到过将近180万。
2. 随着房贷政策步步收紧，不少银行已经将房产抵押（　　　）利率提高了20%。
3. 前9个月走势，特别是近3个月可以看出，过高的（　　　）价格正得到有效遏制。
4. 市消协负责人表示，店家应主动向消费者出示进价单据，照价赔偿，否则属侵害消费者（　　　）的行为。
5. 从9月1日起，个税从2000元调整到3500元，约有6000万工薪阶层免除个税，有关专家认为这将有利于（　　　）收入分配。
6. 亚太部门主管Anoop Singh周四称，如果中国政府不鼓励金融机构为居民提供更多储蓄选择，中国的房地产市场可能出现（　　　）。

二　組み合わせが適切となるよう左右の言葉を線で結びなさい。

1. 调控　　　　A. 存贷款利率
2. 抑制　　　　B. 各种举措
3. 结构　　　　C. 消费者权益
4. 上调　　　　D. 房地产市场
5. 推出　　　　E. 平衡合理
6. 维护　　　　F. 上涨势头

●●研究テーマ例

1. 中国の都市化と住宅政策
2. 中国の低所得者層の住宅問題
3. 中国の住宅問題と土地政策
4. 房奴：指城镇居民因为抵押贷款购房，从而影响到自己教育支出、医药费支出和抚养老人等，使得家庭生活质量下降，甚至让人感到奴役般的压抑。

文章の日本語訳問題

　　在1998年住房商品化改革之时，国务院曾经要求各级政府尽快建立起以经济适用房为主和租售并举的住房供应体系。但廉租房制度建设由于责任不清、资金来源缺乏等问题一直没有实质进展。对于地方政府而言，廉租房建设无益于财政和政绩。特别是在土地出让招标拍卖的今天，廉租房建设会减少土地出让金收入。对于房地产开发商而言，由于无利可图，故反应冷淡。

　　2006年，在商品价格飞涨，经济适用房建设制度被广为质疑的背景下，要求加强廉租房建设的呼声越来越高。该年国务院颁布条例要求地方政府将土地出让净收益的部分按一定比例用于廉租住房制度建设，并为参与廉租房建设的开发商提供银行信贷便利。从目前的实践来看，现有的廉租房数量未能覆盖所有符合标准人群。由于标准过低，大量被排斥在租住标准之外的人群仍然无力购买住房。

（来源：凤凰网房产综合 2010年5月5日）

1. **国务院**：即中央人民政府，是最高国家权力机关的执行机关，是最高国家行政机关，由总理、副总理、国务委员、各部部长、各委员会主任、审计长、秘书长组成。国务院实行总理负责制。各部、各委员会实行部长、主任负责制。
2. **经济适用房**：指已经列入国家计划，由城市政府组织房地产开发企业或者集资建房单位建造，以微利价向城镇中低收入家庭出售的住房。
3. **廉租房**：指政府以租金补贴或实物配租的方式，向符合城镇居民最低生活保障标准且住房困难的家庭提供社会保障性质的住房。

☞ お役立ち情報サイト

首都之窗：http://www.beijing.gov.cn
中国住房和城乡建设部 http://www.mohurd.gov.cn
百姓网 http://www.baixing.com/
安居客 http://www.anjuke.com
地产中国 http://house.china.com.cn/

練習問題の解答

練習一　1. C　2. B　3. D　4. F　5. A　6. E
練習二　1. D　2. F　3. E　4. A　5. B　6. C

第11課 社会保障

> **概要**
>
> 計画経済の時代には国営企業や人民公社といった所属する"単位"（職場）が医療・介護・年金などの社会保障を担っていたが、そうした"単位"が改革を経て姿形が変わる中で、都市住民・農村住民のそれぞれに向けた新しい統一制度が構築されつつある。

1. （年金保険）实现新型农村社会养老保险制度全覆盖。完善实施城镇职工和居民养老保险制度，全面落实城镇职工基本养老保险省级统筹，实现基础养老金全国统筹，切实做好城镇职工基本养老保险关系转移接续工作。
   基础养老金：基礎年金保険

2. （生活保障）完善城乡最低生活保障制度，规范管理，分类施保，实现应保尽保。加强城乡低保与最低工资、失业保险和扶贫开发等政策的衔接。
   低保：生活保護。"低収入保障制度"の略

3. （社会福祉）以扶老、助残、救孤、济困为重点，逐步拓展社会福利的保障范围，推动社会福利由补缺型向适度普惠型转变，逐步提高国民福利水平。
   助残：身体障害者支援、障害者福祉事業支援
   救孤：孤児救済

4. （社会の人間へ）随着城市社会转型和企事业单位改革深化，越来越多的"单位人"变成了"社会人"，以前由单位统一解决的生、老、病、死等各种问题都转到了社会。

5. （老人介護サービス）发展养老服务业要按照政策引导、政府扶持、社会兴办、市场推动的原则，逐步建立和完善以居家养老为基础、社区服务为依托、机构养老为补充的服务体系。
   居家养老：在宅介護
   社区服务：地域コミュニティが行うサービス

日本語訳例

1. 新型の農村社会年金保険制度の全国カバーを実現する。都市部の勤労者と住民の年金保険制度を整備・実施し、都市部の勤労者の基本年金保険の省レベル一本化を全面的に実行することで、基礎年金の全国一本化を実現し、都市部の勤労者の基本年金保険関係書類の移転接続作業を確実に行う。

2. 都市・農村の最低生活保障制度を充実させ、管理を規範化し、分類して保障を与え、保障されるべきものが全て保障されるようにする。都市と農村の最低生活保障と、最低賃金・失業保険・貧困家庭支援対策等との政策の連携を強化する。

3. 高齢者への扶助・障害者への援助・孤児や困窮者の救済を重点として、社会福祉の保障範囲を徐々に広げ、社会福祉を充足型から適度に普遍的優遇型へ転換することを推進し、国民の福祉水準を徐々に高めていく。

4. 都市社会の転換と企業・事業単位の改革の深化に伴い、ますます多くの「職場の人間」が「社会の人間」に変わり、以前は職場によりまとめて解決されていた、生・老・病・死など色々な問題が何でもかんでも全て社会に移された。

5. 介護サービス業を発展させるには、政策が誘導・政府がサポート・社会が事業振興・市場が推進という原則に従い、在宅介護をベースに、社区サービスを拠点とし、施設介護を補助としたサービス体系を一歩ずつ構築し整備しなければならない。

住宅地区に掲げられた生涯教育のスローガン

第11課 社会保障

訳してみよう

1 按照国家统一规定，确定基础养老金标准为每人每月 55 元。缴费超过 15 年的每超过 1 年加发 1% 的基础养老金。基础养老金由政府负担。

　　加发：加算支給する

2 在全国建立农村最低生活保障制度，这就意味着原本只在部分省市试点的农村最低生活保障制度将在全国推广开来。

　　原本：もともと、本来
　　试点：試行する（ところ）、モデルケース
　　V…开来：広まる、広がる

3 社会福利政策的目标应当实现从克服贫困到消除社会排斥的转变。

4 单位，作为一个机构，逐渐剥离了过多的社会服务功能，越来越退化为单纯的工作场所。

　　单位：企業や政府機関など勤め先として所属する職場
　　剥离：スリム化する、付属的なものを切り離す

5 居家养老服务站，为有照顾需求的老人提供打扫卫生、做饭、买菜、洗衣、购物、护理等有偿结对服务，使"4050"人员在家门口实现再就业。

　　有偿结对：有償で協力関係を結ぶこと
　　"4050"人员：年齢や技能の関係で、再就職したいのになかなかできない 40 歳以上の女性、50 歳以上の男性を指す言葉

関連語句

社会福利彩票	社会福祉宝くじ
希望工程	希望プロジェクト、農村の貧困家庭の学生を支援したり、農村部に学校を建設する公益事業
新农保	"新型农村社会养老保险"の略。農民個人の年金保険料納付と村の補助と国庫補助金から成る
五保户	生活保護世帯、衣・食・住・医療・埋葬費などを保障
无障碍环境	バリアフリー環境
弱势群体	社会的弱者
小康社会	いくらかゆとりのある社会の意。1980年頃に鄧小平が提起した戦略的構想

コラム

　"单位人"から"社会人"への転換が進む中、新しい地域コミュニティ"社区"が地域の社会保障システムの中でいかなる役割を果たすべきか模索が続いています。一人っ子が増え、都会では、核家族化が進む中、子供に巣立たれた"空巢老人"の問題が、農村では、父母が出稼ぎに出て取り残された老人と"留守儿童"の問題がクローズアップされているのです。

　政府は高齢化が進む中、全てを"养老院"や"老年公寓"で解決するのは無理と、"日托服务"（デイケアサービス）などを絡めた"居家养老"（自宅介護）を推進、その中で"社区"が一定の役割を果たすことを期待しています。ただ、頼りになる子供がいれば"居家养老"も可能ですが、甘やかされて育った一人っ子の中には"剩男""剩女"（結婚できない男女）ならまだしも、"宅男""宅女"（オタク）になっていつまでも"啃老族"（スネカジリ）を決めこんでいる者も少なくありません。

練習問題

一 適当な言葉を A～F より選び、（　）の中に記入しなさい。

> A 转移　B 助残　C 扶老　D 扶贫　E 覆盖　F 衔接

1. 为了更好地服务全国残疾人运动会，社区和理工大学手语社共同举办了手语公益培训，希望通过推广手语知识，进一步扩大（　　　）志愿者队伍。
2. "小母牛"主席梁锦松透露，联同今次活动筹得的 400 万元在内，今年已筹得善款超过 1400 万元，以支持内地农户自力更生，延续香港人民的（　　　）精神。
3. 目前我国反家庭暴力立法已经进入论证立项阶段，反家暴立法过程中，急需解决的问题是与其它相关法律的（　　　）。
4. 要让住房公积金政策惠及更多的人群，力争今年年底住房公积金缴存人数达到 25 万人，住房公积金（　　　）率达到 64%。
5. （　　　）是福利彩票发行宗旨之一，而对城市"三无"老人、农村"五保"老人的资助，长期以来都是福彩公益金重要使用对象之一。
6. "3・11"东日本大地震之后，日本企业大规模停、减产，使得全球范围内的汽车、电子产品等商品的生产和流通遭受巨大影响，也让许多日本企业加快了向海外（　　　）生产的速度。

二 組み合わせが適切となるよう左右の言葉を線で結びなさい。

1. 拓展　　A. 养老服务业
2. 深化　　B. 国民福利水平
3. 发展　　C. 企事业单位改革
4. 转移　　D. 社会保障范围
5. 完善　　E. 养老保险关系
6. 提高　　F. 居民养老保险制度

●●研究テーマ例

1. 中国の都市と農村の年金問題
2. 中国の医療保険の整備と資金問題
3. 中国の失業者対策の現状と問題点

文章の日本語訳問題

　　农民工社会保险制度的建立与实施还处在探索阶段，实践中存在的问题与矛盾逐步暴露，主要表现在：第一，现行城市社会保险制度不符合农民工的特点。现行城市社会保险缴费比例过高，不符合农民工收入水平低的特点。如广州市农民工月工资不足1000元，农民工仅参加养老保险，每月就需交纳100元，占其工资的 10% 左右。农民工群体具有流动性大的特点，据劳动和社会保障部有关调查资料，仅有20%～30%的城市农民工在一个单位工作满3年以上。目前推行的养老保险基金区域统筹与农民工跨省区流动存在尖锐矛盾，农民工调换工作岗位后没有办法转移养老保险关系，即使个别的能转移，但是费时费钱费精力，农民工很难真正得到老有所养。第二，农民工社会保险参保率低。第三，农民工社会保险退保率高。

（来源：《中国金融》2011 年 10 月 31 日、作者：陈志国）

1. 社会保险：(Social Insurance) 是一种为丧失劳动能力、暂时失去劳动岗位或因健康原因造成损失的人口提供收入或补偿的一种社会和经济制度。

2. 养老保险：是社会保障制度的重要组成部分，是社会保险五大险种中最重要的险种之一。是国家和社会根据一定的法律和法规，为解决劳动在达到国家规定的解除劳动义务的劳动年龄界限，或因年老丧失劳动能力退出劳动岗位后的基本生活而建立的一种社会保险制度。

☞ **お役立ち情報サイト**

求是理论网 http：//www.qstheory.cn
人力资源和社会保障部 http：//www.mohrss.gov.cn/
中国劳动保障科研网 http：//www.calss.net.cn
中国医疗保险研究会 http：//www.chira.org.cn/
中国就业促进会 http：//www.zgjy.org/

練習問題の解答

練習一　1. B　2. D　3. F　4. E　5. C　6. A
練習二　1. D　2. C　3. A　4. E　5. F　6. B

第 11 課　社会保障

第12課 環境保護

> **概要**
>
> 経済成長至上主義のひずみが公害問題などに現れ始めたころに登場した胡錦涛政権は"和諧社会"（調和のとれた社会）の建設をスローガンの1つとして政権運営をしてきたこともあり、森林保護・旧式設備の廃棄・省エネ・排出量削減などの環境保護策がすすめられた。この方針は習近平政権にも引き継がれていく。

1 （環境にやさしい社会）面对日趋强化的资源环境约束，必须增强危机意识，树立绿色、低碳发展理念，以节能减排为重点，健全激励与约束机制，加快构建资源节约、环境友好的生产方式和消费模式，增强可持续发展能力，提高生态文明水平。

  低碳发展：低炭素成長、低炭素発展　　　**激励机制**：インセンティブメカニズム

2 （省エネとエコ）鼓励消费者购买使用节能节水产品、节能环保型汽车和节能省地型住宅，减少使用一次性用品，限制过度包装，抑制不合理消费。

  一次性：使い捨ての、一回限りの

3 （排出量削減）上海市政府高度重视节能减排工作，经过全市上下共同努力，"十一五"单位生产总值能耗累计下降20%左右的目标顺利实现；二氧化硫、化学需氧量削减30.2%和27.71%，降幅分别列全国第二位和第一位。

  单位生产总值能耗：単位GDP当たりのエネルギー消費量
  化学需氧量：化学的酸素要求量

4 （森林資源保護）继续实施天然林资源保护工程，巩固和扩大退耕还林还草、退牧还草等成果，推进荒漠化、石漠化和水土流失综合治理，保护好林草植被和河湖、湿地。

  退耕还林：耕作をやめて森林に戻すこと。政策スローガンの1つ
  退牧还草：放牧をやめて草原に戻すこと。政策スローガンの1つ

5 （COP17）联合国气候变化框架公约第17次缔约方会议在南非德班召开。德班气候大会12月11日通过决议，决定实施《京都议定书》第二承诺期并启动绿色气候基金等。

  联合国气候变化框架公约：国連気候変動枠組み条約

日本語訳例

1 日ごとに強まる資源と環境の制約に直面し、危機意識を強め、環境にやさしい発展・低炭素発展の理念を打ち立て、省エネ・排出削減を重点として、インセンティブと規制のメカニズムを健全化し、資源節約型で環境にやさしい生産方式と消費モデルの構築を加速し、持続可能な発展ができる能力を強化して生態文明のレベルを高めなければならない。

2 消費者に省エネ節水型商品・省エネ環境保護タイプの自動車・省エネ土地節約型住宅の購入と使用を奨励し、使い捨て用品の使用を減少させ、過剰包装を制限し、合理的でない消費を抑制する。

3 上海市政府は省エネ・排出量削減を非常に重視している。全市をあげた共同での努力を通じて、「第11次五カ年計画」における単位GDP当たりのエネルギー消費量を累計で20%前後減少させるという目標を首尾よく実現した。二酸化イオウ・化学的酸素要求量をそれぞれ30.2%と27.71%削減したが、この削減幅は全国第2位と第1位になった。

4 天然森林資源保護プロジェクトを継続実施し、耕作地を森林・草原に戻すことと放牧地を草原に戻すこと等の成果の定着と拡大を図り、砂漠化・石漠化と土壌流出の総合対策をすすめ、森林・草原の植生と河川・湖沼・湿地を保護する。

5 第17回国連気候変動枠組み条約締約国会議は南アフリカ共和国ダーバンにて開催された。ダーバン会議は12月11日に決議を採択し、「京都議定書」第2次拘束期間の実施と緑の気候基金などを立ち上げることを決定した。

四川省の巨大水利施設、都江堰

訳してみよう

1 随着市场纵深推进，绿色投资已开始从单一的关注环保企业渐进到如清洁能源、新兴产业及具备良好绿色表现的上市公司。

> 纵深：深まり
> 绿色投资：グリーン投資
> 绿色表现：環境保護に取り組む態度や行動

2 节能是应用技术上现实可靠、经济上可行合理、环境和社会都可以接受的方法，有效利用能源，提高用能设备或工艺的能量利用效率。

> 用能：エネルギーを使用する

3 只有坚持节约发展、清洁发展、安全发展，才能实现经济又好又快发展。

4 实行重点投入，集中治理区域内的水土流失，加快治理速度，优先安排坡耕地的还林建设，以封山育林为主，加快宜林地的造林绿化进程。

> 坡耕地：傾斜面の耕地
> 封山育林：森林保護のために伐採や放牧を禁じること
> 宜林地：森林適地

5 当前，从各国纷纷预热德班会议看，应对气候变化，践行低碳发展已经成为全球关注焦点和世界各国共识。

> 预热：ウォーミングアップ、事前準備をする
> 共识：コンセンサス

関連語句

绿色 GDP	グリーン GDP、自然界のさまざまな要素を取り入れた GDP
科学发展观	資源節約・環境保護・格差是正等を図ることで調和のとれた社会を目指す思想
开源节流	財源を見出し支出を節約する
低碳生活	低炭素ライフ
全球变暖	地球温暖化
排放达标	排出が基準に達する
超标排放	基準を超えた排出
限塑令	レジ袋制限令

コラム

　"节能减排"（エネルギーの節約と排出削減）は中国の環境政策の中心的スローガンですが、これに沿った取り組みで注目されるのが"低碳"。

　"**低碳环保**""**低碳社会**""**低碳经济**""**低碳生活**""**低碳家居**""**低碳汽车**""**低碳出行**""**低碳企业**""**低碳品牌**"……と枚挙に暇がありません。例えば自転車でパトロールすれば"**低碳巡逻**"になるわけです。

　"**低碳之城**"（低炭素シティ）の取り組みも始まっています。1911年から天津・重慶など全国10の都市で"**低碳交通运输体系试点城市**"（低炭素交通運輸システム実験都市）として物流運輸企業やバスにおける"**天然气**"（天然ガス）や"**混合动力**"（ハイブリッド）車の比率を高めようというプロジェクトもスタートしました。この他、"**低碳旅游试验区**"なども全国的に始まっています。

　2009年に上海環境取引所に開設された"**上海自愿碳减排交易平台**"（自発的排出量取引場）ではすでに20万以上の口座が開設されて、活発な取引が始まっています。

練習問題

一 適当な言葉をA～Fより選び、（　）の中に記入しなさい。

> A 节约　B 绿色　C 低碳　D 环保　E 危机　F 治理

1. 面对经济放缓、金融动荡的严峻形势，愈演愈烈的欧债（　　）无疑将成为本次G20峰会的首要议题。

2. 从昨日起至明年3月31日，全省将开展集中（　　）超速行驶、客车超员、货车超载和疲劳驾驶等违法行为专项行动。

3. 10.5万只节能灯推广以后，将可实现年（　　）用电525万度。

4. 从京都议定书到哥本哈根的协议，国际社会为了有效应对气候变化，将发展（　　）经济作为世界各国的共识。

5. 市区解放路上的一家馅饼店门口排起了长长的购买队伍。据了解，这种馅饼经营者自称（　　）健康，不含任何添加剂。

6. 最新的LED材料产品高效利用电能、无污染，能有效做到节能（　　）。

二 組み合わせが適切となるよう左右の言葉を線で結びなさい。

1. 增强　　A. 林草植被
2. 树立　　B. 过度包装
3. 提高　　C. 生态文明水平
4. 使用　　D. 一次性用品
5. 限制　　E. 危机意识
6. 保护　　F. 退耕换林成果
7. 巩固　　G. 低碳发展理念

●●研究テーマ例

1. 中国の環境汚染の現状と発生メカニズム
2. 環境ビジネスと日中協力
3. 中国の環境保護に関する法整備の現状と問題点
4. 沙尘暴：是沙暴和尘暴两者兼有的总称，是指强风把地面大量沙尘物质吹起并卷入空中，使空气特别混浊，水平能见度小于一百米的严重风沙天气现象。

文章の日本語訳問題

　　节能减排的重要性：工业革命以来，世界各国尤其是西方国家经济的飞速发展是以大量消耗能源资源为代价的，并且造成了生态环境的日益恶化。有关研究表明，过去50年全球平均气温上升的原因，90%以上与人类使用石油等燃料产生的温室气体增加有关，由此引发了一系列生态危机。节约能源资源，保护生态环境，已成为世界人民的广泛共识。保护生态环境，发达国家应该承担更多的责任。发展中国家也要发挥后发优势，避免走发达国家"先污染、后治理"的老路。对于我国来讲，进一步加强节能减排工作，既是对人类社会发展规律认识的不断深化，也是积极应对全球气候变化的迫切需要，节能减排是树立负责任的大国形象、走新型工业化道路的战略选择。　　（来源：百度百科）

1. 工业革命：又称产业革命，指资本主义工业化的早期历程，即资本主义生产完成了从工厂手工业向机器大工业过渡的阶段。工业革命是以机器取代人力，以大规模工厂化生产取代个体工场手工生产的一场生产与科技革命。
2. 温室气体：指的是大气中能吸收地面反射的太阳辐射，并重新发射辐射的一些气体，如水蒸气、二氧化碳、大部分制冷剂等。它们的作用是使地球表面变得更暖。
3. 后发优势：又称为次动优势、后动优势、先动劣势。是指相对于行业的先进入企业，后进入者由于较晚进入行业而获得的较先动企业不具有的竞争优势，通过观察先动者的行动及效果来减少自身面临的不确定性而采取相应行动，获得更多的市场份额。例如：研发成本优势、行业风险把握优势等。

お役立ち情報サイト

中国低碳网 http：//www.ditan360.com/
中国环境保护部 http：//www.zhb.gov.cn/
中国环境影响评价网 http：//www.china-eia.com/
中国气候变化信息网 http：//www.ccchina.gov.cn/
中科院资源环境科学信息中心 http：//www.llas.ac.cn/

練習問題の解答

練習一　1. E　2. F　3. A　4. C　5. B　6. D
練習二　1. E　2. G　3. C　4. D　5. B　6. A　7. F

第13課 企業の社会的責任

> **概要**
>
> 中国政府は先進国の社会に受け入れられたCSR（企業の社会的責任）という考え方を中国の社会にも定着させようとしてきている。会社法に関連の条文を追加したり、中央企業にCSR報告書を発行するよう命じたりと手を打ちつつあるが、まだ政府の統一基準として明示されたものはなく、具体的対応は企業の自主性に委ねられている。

1 （CSR北京宣言）根据《企业社会责任北京宣言》，成员企业将在涉及法律、纳税、知识产权、就业、员工权益、环保、社会公益、企业信息披露、企业公民等十二个方面严格自律，积极履行企业社会责任，有力促进中国社会经济发展。

　　企业公民：企業市民

2 （企業倫理）企业首先要履行人权的伦理，禁绝血汗工厂，禁绝危害员工生命安全和生命健康的生产行为，维护利益相关者权利的道德要求。

　　血汗工厂：劣悪な環境の下、低賃金で長時間労働を強いる工場
　　利益相关者：利害関係者、ステークホルダー

3 （上場企業のステークホルダー対応）上市公司应在追求经济效益、保护股东利益的同时，积极保护债权人和职工的合法权益，诚信对待供应商、客户和消费者，积极从事环境保护、社区建设等公益事业，从而促进公司本身与全社会的协调、和谐发展。

　　社区：地域コミュニティ

4 （中央企業の社会的責任）中央企业要增强社会责任意识，积极履行社会责任，成为依法经营、诚实守信的表率，节约资源、保护环境的表率，以人为本、构建和谐企业的表率，努力成为国家经济的栋梁和全社会企业的榜样。

　　以人为本：人間本位の、人間性を重んじる、人にやさしい

5 （紡績企業のCSR）通过CSC9000T的相关培训、宣传和交流，已经使越来越多的纺织企业认识到企业社会责任工作的重要性，改变过去被动应付验厂，追求短期效益的做法，转而采取主动措施，改进内部管理，以求长期可持续发展。

　　验厂：工場検査

日本語訳例

1. 「企業の社会的責任北京宣言」に基づき、メンバー企業は法律・納税・知的財産権・就業・従業員の権益・環境保護・社会の公益・企業情報の公開・企業市民など12の方面にわたり自己を厳しく律し、積極的に企業の社会的責任を果たして中国の社会と経済の発展を力強く促進する。

2. 企業はまず人権倫理を実際に守り、劣悪な労働環境の工場を根絶し、従業員の生命の安全と健康を損なう生産行為を厳しく禁止して、ステークホルダーの権利である道徳的要求を擁護しなければならない。

3. 上場会社は経済的利益の追求・株主利益の保護と同時に、債権者と従業員の合法的権益を積極的に擁護し、サプライヤー・取引先・消費者に誠意をもって対応し、環境保護や地域コミュニティをつくり上げること等の公益事業に積極的に従事することで、会社自体と全ての社会との協調的発展・調和のとれた発展を促すべきである。

4. 中央企業は社会的責任意識を強め、積極的に社会的責任を果たし、法律にもとづく経営と誠実に信用を守ることの模範、資源節約・環境保護の模範、人を重んじ調和のとれた企業をつくり上げる模範となり、国家経済の大黒柱と社会の全ての企業の手本となるよう努力しなければならない。

5. CSC9000Tの関連の研修・宣伝・交流を通して、ますます多くの紡績企業に企業の社会的責任に関わる業務の重要性をすでに認識させ、受身で工場検査に対応し、短期的利益を追求していた以前のやり方を改め、長期にわたり持続可能な発展となるよう、主体的措置を講じ内部管理を改善している。

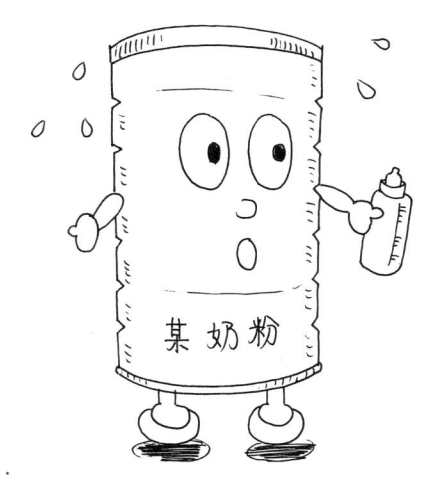

中国じゅうを震撼させた粉ミルク事件

訳してみよう

1 对于蜜蜂型企业，企业生产经营的过程，既为自己创造经济利益，也满足社会需求；企业通过履行社会责任，建立与环境、社会和谐关系。

　　蜜蜂型企业：ミツバチ型企業、社会的責任を果たしている企業

2 婴幼儿奶粉公共卫生事件，是乳制品行业近几年快速发展、急于求成的结果，是个别企业的企业道德、企业伦理、社会责任缺失的结果。

　　公共卫生事件：公衆衛生に関わる事件
　　急于求成：功をあせる

3 交通银行一方面通过提供优质金融服务方案，提升客户价值；一方面不断完善员工与股东的共享机制，提升股东价值和员工价值。

　　交通银行：中国の4大商業銀行の1つ。1908年創業

4 根据"中国100强企业社会责任发展指数"，作为中国企业排头兵的中央企业，发挥带头作用，成为了全社会企业履行社会责任的表率。

　　100强：トップ100、ベスト100
　　排头兵：先兵、尖兵
　　带头作用：率先する役割

5 调查结果显示，在中国婴幼儿食品行业中，亨氏公司已成为公众心目中最理想、最负责任的婴幼儿食品生产企业。

　　亨氏公司：米国ハインツ（Heinz）社、世界有数の食品メーカー

関連語句

血汗工资制度	賃金搾取制度
全球契约	国連グローバル・コンパクト
消费者权益保护	消費者権益保護
诚信经营	信用を重んじる経営
社会形象	社会的イメージ
回报社会	社会へのお返し、社会貢献
不可推卸	責任回避をしてはならない
责无旁贷	自分で負うべき責任を他の人に押しつけない

コラム

　2001年の"入世"（WTO加盟）で、信頼できる企業管理体制を確立した者が勝者になるという管理競争の時代に入った中国産業界では企業文化の確立が急速な高まりを見せました。

　企業文化は"企业治理"（コーポレートガバナンス）の重要な内容だ、として2005年には"中国企业社会责任联盟"が成立、国内最初の"中国企业社会责任基准"も制定されました。2006年には企業文化の調査研究・建設企画と実施・建設評価などを行う"企业文化师"の国家職業基準も公布され、〈企业社会责任北京宣言〉も発表されるなど、CSRへの取り組みが本格化し、外資企業でもサムスン（"三星"）の"一心一村"運動や東芝の中国語版「CSR報告書」などがクローズアップされました。

　中国を代表する企業の最近のモットーを見ると、ハイアール（"海尔"）は"真诚到永远"、チャイナモバイル（"中国移动"）は"正德厚生，臻于至善"といった具合で、"企业的道德文化水平是衡量企业发展质量的重要尺度"という考え方が広がり、"以德治企"がスローガンになりつつあります。

練習問題

一 適当な言葉をA～Gより選び、（　）の中に記入しなさい。

> A 履行　B 和谐　C 责任　D 效益　E 可持续性　F 权利　G 诚信

1. 在现行的养老机制极不成熟的情况下，子女要尽到赡养父母的（　　）。
2. 截至2010年，中国加入WTO的承诺已全部（　　）完毕，建立起了符合规则要求的经济贸易体制，成为全球最开放的市场之一。
3. 追求幸福或幸福地生活是人类的基本目标，也是每个人的基本（　　）。
4. 研究咨询业务与网络营销业务密切相关，可为网络营销业务提供研究支持，有利于网络营销业务的（　　）发展。
5. 中国政府将采取更多措施促进经济与社会（　　）发展。
6. 通过提升服务质量，商业银行的（　　）得到了明显提升。
7. 无论在过去或是现在亦或是未来，（　　）对于建设人类社会文明都是极为重要的。

二 組み合わせが適切となるよう左右の言葉を線で結びなさい。

1. 披露　　　A. 经营
2. 严格　　　B. 信息
3. 履行　　　C. 责任
4. 追求　　　D. 自律
5. 节约　　　E. 资源
6. 依法　　　F. 效益

●●研究テーマ例

1. 中国企業におけるCSRへの取り組み
2. 中国企業に対する信用度と信用確立に関する取り組み
3. ネットに公表された各中国企業のCSR進捗度
4. 毒苹果：苹果iPad、iPphone在中国热卖，但苹果在苏州的供应商联建科技137名苹果中国供应商员工，却因暴露在正己烷环境，出现四肢麻木、刺痛、晕倒等中毒症状，健康遭受不利影响。

文章の日本語訳問題

　　在 John Culver 看来，伙伴、社区、顾客和优质咖啡是星巴克商业模式中最重要的 4 个关键词。"在伙伴方面我们要用最好的员工对顾客服务；在社区方面我们要为社区带来积极的影响；在顾客方面我们要让顾客在每一天都享受完美的星巴克体验；最后我们也绝不放松对质量的要求，只坚持采购烘焙世界上最佳质量 3% 的咖啡。"星巴克将其所有员工称作为"伙伴"，甚至将很多本应用于广告的预算放在员工福利上。在星巴克，所有员工无论是兼职还是全职都有机会获得咖啡豆股票，这项"咖啡豆股票计划"的员工激励措施让员工能够分享公司的成长。另一方面，星巴克的社区服务计划都是各地星巴克员工积极参加，社区服务活动一方面增强了与社区的情感纽带，同时也在潜移默化中培养着员工的感恩意识和服务意识。　　　　（来源：《商业价值》2011 年 10 月 31 日）

☞ お役立ち情報サイト

企业社会责任中国网 http：//www.csr-china.net/
中国经济网 http：//www.ce.cn/
企业社会责任报告网 http：//www.csrreport.cn/
中国城市低碳经济网 http：//www.cusdn.org.cn/
全球纺织网 http：//www.tnc.com.cn/

練習問題の解答

練習一　1. C　2. A　3. F　4. E　5. B　6. D　7. G
練習二　1. B　2. D　3. C　4. F　5. E　6. A

第14課 知的財産権

> **概要**
>
> 海賊版DVD・欧米ファッションブランドの模造品・ブランド腕時計の模造品・海外アニメキャラクターの模倣・"山塞手机"（模造携帯電話）・海外ブランド工業製品の模造品等々の取締りを強化する一方、知的財産権保護のための法整備・知的財産権の国家戦略策定などをすすめており、創造性豊かでソフトパワー溢れる社会を建設しようとしている。

1　（知財権保護）在加入WTO前后，中国政府对与知识产权保护相关的几乎所有法律法规和司法解释都进行了修改，使其与WTO《与贸易有关的知识产权协定》以及其他保护知识产权的国际规则相一致。

2　（戦略的新興産業育成）《关于促进战略性新兴产业国际化发展的指导意见》提出，积极支持具有知识产权、品牌、营销渠道和良好市场前景的战略性新兴产业开拓国际市场，促进我国战略性新兴产业对外贸易快速增长。
　　营销渠道：販売チャネル、マーケティングチャネル

3　（特許権侵害）近几年来，各级专利管理部门已经加强有关这方面的法律的执行力度，尤其是针对涉及到与人民生命健康密切相关的食品和药品的专利侵权行为开展了专项执法行动。
　　专利侵权：特許権侵害
　　专项：（主に行政機関が注力する行動を形容）特別な、特定の

4　（違法行為取締り）以查处大案要案为突破口，严厉查处生产印制假标识、假包装物的行为；伪造、冒用他人厂名、厂址，尤其是冒用国内外知名品牌厂名厂址；利用定牌加工侵犯他人知识产权的违法行为。
　　定牌加工：OEM（相手先ブランドによる）生産加工

5　（文化省の重点取組）通过组织专项整治行动，加大对侵权盗版音像、书刊、网络游戏、网络音乐、动漫等产品的查处力度，坚决杜绝在合法经营场所存储、摆放及销售侵权盗版产品，在宁波等地查处了一批文化市场重大案件，有效遏制了侵权行为的发生，大力净化市场环境。
　　盗版：海賊版
　　动漫：アニメーション

日本語訳例

1 WTO加盟の前後、中国政府は知的財産権保護に関するほとんど全ての法律法令と司法解釈に対し修正を行い、それとWTOの「貿易に関係する知的財産権協定」およびその他の知的財産権を保護する国際的ルールとを一致させた。

2 「戦略的新興産業の国際化の進展を促進することに関する指導意見」の提起は、知的財産権・ブランド・販売チャネル・有望なマーケットを有する戦略的新興産業が国際市場を開拓することを積極的にサポートし、我が国の戦略的な新興産業の対外貿易の急速な成長を促進するものだ。

3 ここ数年、それぞれのレベルの特許管理部門は、関係するこの分野の法律の適用を強化し、なかでも人々の生命・健康と密接に関わる食品と薬品に及ぶ特許権侵害行為に対して法律執行の特別行動を展開している。

4 重大事件を調査処分することを突破口として、偽物のマーク・偽物の包装を生産・印刷する行為、他人の工場名・工場の住所、なかでも国内外の有名ブランド品の工場名・工場の住所を偽造・無断借用する行為、OEM生産加工を利用し他人の知的財産権を侵害する違法行為を厳しく取り締まる。

5 特別取締り活動を組織することによって、著作権を侵害する海賊版のCDやDVD、図書、インターネットゲーム、ネットミュージック、アニメーションなどの商品に対する取締りを強め、合法的経営を行っている場所で海賊版商品を在庫・陳列・販売することの根絶を徹底する。寧波市などにおいてカルチャーマーケットの重大事件を処分することで、他人の権利を侵害する行為の発生を効果的に封じ込め、マーケット環境を全力をあげて浄化した。

海賊版撲滅！

訳してみよう

1 保护知识产权是维护良好的贸易投资和公平竞争环境的客观需要，是维护一个好的投资"软环境"的重要内容。

　　软环境：ソフト環境

2 战略性新兴产业是对经济社会全局和长远发展具有重大引领带动作用，知识技术密集、物质资源消耗少、成长潜力大、综合效益好的产业。

3 特许权人与中国伙伴设立合资或合作经营企业，并将特许权转让予该合资或合作企业，其转让费可被折价视为特许权人的出资。

　　特许权人：特許権者
　　合作经营企业："中外合作经営法"により設立される。出資条件、利益分配、解散時の財産帰属など全てを契約で取り決める

4 义乌等地的问题表明，许多公司包括外国公司，仍可能会面临假货的困扰，仅依靠世界贸易组织的条规约束也是不现实的。中国的打假任重而道远。

　　义乌：浙江省義烏市、数十万社の雑貨品の卸売り業者が市場を形成

5 目前盗版的渠道很多，走私、非法地下生产线生产、甚至个别出版社也在生产假的"正版"音像制品，防不胜防。

　　地下生产线：地下工場、地下の生産ライン
　　正版：正規版

関連語句

假冒伪劣品	模造劣悪品
注册商标	登録商標
国际商标局	国際商標協会（International Trade Marks Association）
商标抢注	先を争って商標登録をする
制假贩假	偽物を製造・販売する
侵权	他者の権利を侵害する
投诉	クレームする、苦情申し立てをする
山寨手机	模造携帯電話

コラム

　中国が知財権問題に本格的に取り組み始めたのは2005年。当時の呉儀副首相を長とする国家知財権保護対策班が設置され、2006年には〈保护知识产权行动纲要〉が、2008年には〈国家知识产权战略纲要〉が実施されました。以来、"假冒专利商标"（ニセの特許商標）・"盗版"（海賊版）の取締りや知財権法体系の整備、さらに専門職員の養成などに取り組んできました。政府関係部門では"杀毒软件"（ウイルスソフト）とともに"正版软件"（正規ソフト）の導入も進んでいます。

　2010年10月から2011年2月まで、国務院は「"著作权""商标权""专利权""植物新品种权"などの保護を目的とした〈打击侵犯知识产权和制售假冒伪劣商品专项行动〉を行う一方、中国企業の知財権保護のための法整備も急ピッチで進め、2010年2月の〈国务院关于修改"中华人民共和国专利法"的决定〉では中国で完成された発明・実用新案について外国で特許を申請する場合の制限規定も盛り込んでいます。

練習問題

一　適当な言葉を A～G より選び、（　）の中に記入しなさい。

> A　知识产权　B　执法力度　C　盗版　D　侵权　E　查处　F　整治　G　冒用

1. 为减少扬尘污染，重庆环保部门将加强（　　　），严查运土车辆。
2. 截至 11 月 2 日全省已（　　　）交通违法行为 170086 起。
3. 上午公安部交管局在南湖宾馆召开"三超一疲劳"（超载、超限、超速、疲劳驾驶）专项（　　　）行动会议。
4. 随着《乔布斯传》热卖，相应的（　　　）电子书也出现在不少网站中。
5. 一名中国专家 1 日在接受《环球时报》采访时说，"神舟"系列飞船是拥有自主（　　　）的产品，中国有能力研制这种载人航天器。
6. 如今，高仿品已经充斥整个市场，让人真假难辨，实际上，这种行为已经涉嫌（　　　）。
7. 某商业银行分理处主任代某，在 2009 年 1 月至 2009 年 10 月期间，（　　　）27 人名义 32 次贷款 55 万元，用于做生意。

二　組み合わせが適切となるよう左右の言葉を線で結びなさい。

1. 保护　　　A. 大案要案
2. 开拓　　　B. 市场环境
3. 加强　　　C. 专项执法行动
4. 开展　　　D. 国际市场
5. 查处　　　E. 知识产权
6. 净化　　　F. 法律执行力度

●●研究テーマ例

1. 中国の知財権戦略
2. 中国における知財権保護に関する司法の取り組み
3. 中国におけるネット著作権問題
4. A 货：是仿冒产品的统称，通常为服装皮包鞋等用品，仿冒对象一般为著名的高档奢侈品牌，由于 A 货价格上非常低廉，因此能满足许多追求名牌但是资金不多的消费者。

文章の日本語訳問題

　　全国知识产权系统加强重点地区、重点领域、重点环节集中检查和专项整治，充分发挥 12330 知识产权维权援助与举报投诉电话作用，运用跨地区、跨部门执法协作机制，加大群体、反复、恶意侵权假冒案件执法办案力度，提高了执法工作效率。同时，专项行动有力维护了大型活动和展会秩序。国家知识产权局与有关部门密切配合，联合开展了广州亚运会、深圳大运会前期知识产权保护工作。此外，专项行动的开展，营造了良好的知识产权保护社会氛围。全系统将执法整治与宣传教育相结合，采取召开新闻发布会、印发宣传资料、开辟专栏、制作电视宣传片和公益广告、编制知识产权读物、开通微博、发送公益短信等多种形式，宣传报道专项行动进展和知识产权保护工作成就，取得了良好的宣传效果。

（来源：中国知识产权局网）

1. 12330：知识产权维权援助与举报投诉的专门电话。
2. 专项行动：指中国打击侵犯知识产权和制售假冒伪劣商品的专项行动。
3. 广州亚运会：2010 年 11 月 12 日在广州举行。
4. 深圳大运会：即第 26 届世界大学生夏季运动会，于 2011 年 8 月 12 日在深圳开幕。

☞ **お役立ち情報サイト**

中国知识产权局网 http：//www.sipo.gov.cn/
法制网 http：//www.legaldaily.com.cn/
中国文化市场网 http：//www.ccm.gov.cn/
中国产业经济信息网 http：//www.cinic.org.cn/
中国创新网 http：//www.chinahightech.com/
打击侵犯知识产权和制售假冒伪劣商品专项行动成果展 http：//www.ipraction.cn/

練習問題の解答

練習一　1. B　2. E　3. F　4. C　5. A　6. D　7. G
練習二　1. E　2. D　3. F　4. C　5. A　6. B

第15課 銀行　保険

> **概要**
>
> 2005年～2010年にかけて4大商業銀行（建設銀行・中国銀行・工商銀行・農業銀行）が株式上場を果たし開かれた銀行となった。一般預金者の立場からすると、預金保険制度の構築と金利の自由化が望まれている。生保市場では人口高齢化に伴う保障需要が伸び、損保では自動車保有台数が伸びるにつれて自動車保険市場が着実に伸びている。

1　（金融界の管理監督）银行业监督管理委员会的设立加强了对银行、金融资产管理公司、信托投资公司及其他存款类金融机构的统一监管，确立了央行、银监会、证监会、保监会四大机构分工合作的金融分业监管体制。

　　央行：中国人民銀行。"中央銀行"の略

2　（利上げ）在当前货币环境下适当加息，不仅有助于抑制通胀预期，部分改变负利率状况，也可以挤出一部分大型垄断企业的信贷需求，在配套政策支持下，引导其挤出资金转移给中小企业。

　　加息：利上げ、利率を上げる　　　　有助于～：～に役に立つ、～にプラスになる
　　通胀：インフレーション。"通貨膨脹"の略

3　（金利自由化へ）存贷款利率限制逐步放开后，商业银行运用利率工具开展竞争将成为常态，而市场竞争的最终结果将导致存贷利差的不断缩小，这既是国际经验，也是资本市场发展的必然。

　　存贷利差：預金と貸付金の利率差。スプレッド。銀行の利ざや

4　（生命保険）人寿保险设定有犹豫期，一般为投保人、被保险人收到保险单并书面签收后十日内的一段时期，建议投保人收到保险单以后，再次仔细阅读保险条款，如确定该保险产品不符合自身保险需求，可以解除保险合同。

　　犹豫期：クーリングオフ期間　　　　投保人：保険加入者　保険契約者

5　（保険販売）大进大出的粗放保险营销运行机制既不能满足新阶段、新形势下人民群众对保险消费提出的更高要求，同时也严重损害了保险业形象，降低人们对保险的认同度和有效需求，不利于保险业的可持续性发展。

　　大进大出：ここでは、大量採用大量辞職の意。相場の暴騰・暴落を演出するホットマネーを形容することもある
　　可持续性发展：持続可能な発展、サステイナビリティ

日本語訳例

1 銀行業監督管理委員会の設立は、銀行・金融資産管理会社・信託投資会社およびその他の預金関係金融機関の統一的監督管理に対して、中央銀行・銀行業監督管理委員会・証券監督管理委員会・保険監督管理委員会の四大機構が分業協力するという金融業監督管理の分担体制を確立した。

2 目下の通貨環境の下で適度に利上げをすることは、インフレ期待を抑制し、マイナス金利の状況を部分的に変えるのに役立つだけでなく、一部の大型独占企業の貸付金需要を絞り出し、付帯する政策のサポートの下で、その絞り出した資金を中小企業に転貸するよう導くことも可能である。

3 預金・貸付金利率の規制が徐々に緩和されたのち、商業銀行が利率というツールを操り競争を展開することは常態となろうが、市場競争の最終的結末は預金・貸付金の利ざやが絶えず縮小することを引き起こすだろう。これは国際的経験であり、資本市場発展の必然でもある。

4 生命保険はクーリングオフ期間を設けている。一般的には保険加入者・被保険者が保険証券を受け取り、そのうえ書面で受け取りサインをした後10日以内の一定期間である。保険加入者には、保険証券受領ののち再度詳しく保険約款を閲読することを勧める。もしもその保険商品が自身の保険ニーズに合わないとはっきりした場合には、保険契約を解除することができる。

5 大量採用大量辞職といった粗放な保険営業の運営メカニズムは、新しい段階・新しい状況下において庶民が保険購入に対して提起する、より高い要求を満足できないうえ、同時に保険業のイメージをひどく損ない、保険に対する人々の評価度と実際的な購入意欲を減じるもので、保険業の持続可能な発展に不利である。

北京にある中国人民銀行本店

訳してみよう

1. 应大力发展场内衍生品市场，适时推出股指期货，积累监管经验和风险控制经验，发展多层次的资本市场，不断提升我国金融市场的国际竞争力。

    衍生品：金融派生商品、デリバティブ商品
    股指期货：株価指数先物。"股票价格指数期货"の略

2. 国内 CPI 回落趋势形成，国际主要经济体仍维持低利率，并有再度量化宽松的可能。中投证券也预计，9 月加息概率较低。

    量化宽松：量的緩和（金融政策）
    中投证券：中国中投证券有限責任公司のこと
    加息：利上げ

3. 我们认为央行不会一步放松管制，而是通过产品创新和利率浮动区间逐步放宽的方式逐步扩大商业银行的定价权，最终实现利率的彻底自主定价。

    浮动区间：変動範囲

4. 人寿保险可以为人们解决养老、医疗、意外伤害等各类风险的保障问题，人们可在年轻时为年老做准备，上一代人为下一代人做准备。

    意外伤害：不慮の事故、不慮の事故による傷害

5. 银行卡账号及密码更不要告诉任何人，既然是 0 元保险，就无需涉及支付密码等信息，若遇对方向你索要这类信息，很可能是遇上不法分子了。

関連語句

信托投資公司	信託投資会社。日本の信託銀行が行っているような信託業務と、米国の投資銀行が行っているような投資業務を行う企業
格式合同	標準契約
銀発无忧	高齢者用総合傷害保険（上海市の共済保険の1つ）
上門推销	（保険や化粧品などの）訪問販売
告知义务	告知義務
索賠	クレームする、損害賠償を求める
理賠	賠償金を払う
综合保険	特殊包括契約保険
附加险	保険の特約
強制险	強制保険
霸王条款	責任回避のために多くの免責条項を含んだ条項

コラム

　急速に発展した中国保険業界、掛け金の高い金融型短期投資保険にばかり力を入れ、長期保険やリスク保証型保険の開発をおろそかにしたツケが世界金融危機で顕在化し、大幅な改革を迫られました。

　中国では、銀行業に関しては"**信息公開**"がかなり進み、顧客はネット上でさまざまな必要とする情報を手に入れることができましたが、保険業の場合、情報公開が進んでおらず、自分が掛けた保険でさえ詳細が分からないまま、代理人による中間搾取が横行していました。

　2009年10月1日、新〈**中华人民共和国保険法**〉が施行され、被保険者の利益保護に重点が置かれ、俗に"**霸王条款**"と呼ばれる、保険会社側の勝手な免責行為に対してもようやく具体的な取締りが始まりました。また、多様化する社会のニーズに応えるため、業務範囲を大きく拡大し、「"**人身保険**"業務は、"**人寿保険**""**健康保険**""**意外伤害保険**"を含む」、「"**财产保険**"業務は"**财产损失保険**""**责任保険**""**信用保険**""**补偿保険**"を含む」とも規定しています。

練習問題

一 適当な言葉を A〜F より選び、（　）の中に記入しなさい。

> A 监管　B 通货膨胀　C 利率　D 投保　E 加息　F 贷款

1. 11月3日欧洲央行宣布降息25个基点，将基准（　　）下调至1.25%。
2. 经济学家和市场参与者在内的绝大多数受访者预计，在2013年中期前美联储都不会（　　）。
3. 国际上成熟的金融市场主要依靠市场来进行（　　）。
4. （　　）是指在以纸币为流通手段条件下，因货币供给大于货币实际需求，现实购买力大于产出供给，从而导致货币贬值而引起的一段时间内物价持续而普遍上涨的现象。
5. 王先生和未婚妻打算在年内完婚，并（　　）购入一套市场价值约为180万的市区两居房。
6. 最近，儿童遭受意外的事件频发，在进行全社会大讨论的同时，在网络上也引发了一轮（　　）热潮。

二 組み合わせが適切となるよう左右の言葉を線で結びなさい。

1. 抑制　　　　A. 各项竞争
2. 开展　　　　B. 保险合同
3. 阅读　　　　C. 企业形象
4. 损害　　　　D. 有效需求
5. 降低　　　　E. 保险条款
6. 解除　　　　F. 通货膨胀

●●研究テーマ例

1. 中国のマクロコントロールシステムとその課題
2. 中国農村の金融システムの現状と課題
3. 中国における損保の発展と課題
4. 地下钱庄：由于游离于不再金融监管体系之外，地下钱庄利用或部分利用金融机构的资金结算网络，从事非法买卖外汇、跨国（境）资金转移或资金存诸借贷等非法金融业务。

文章の日本語訳問題

　　　人民币汇改对股市有何影响？海内外股市都因为人民币汇率制度改革的推进带来了想象空间：在中国，和消费题材与金融行业相关的股票会被追捧，如果实体经济还没有显现出受汇率影响的变化的话，那么，股市市值整体上移的可能性完全存在。老百姓的财富效应将从房地产市场走向股票市场；在欧美，由于人民币升值的预期，国际金融市场的资金格局将会发生质的变化，一方面预期欧美经济会有"中国效应"的拉动而出现很大的转机预期，欧美股市也会不断上扬。另一方面，国际资本向中国和亚洲的流动，会缓解美元泡沫和欧元贬值的压力。短期内，甚至会推动美国金融业对企业和个人信贷活动的恢复。如果能够促进美国企业和个人的投资与消费活动的恢复，那么这个积极意义可能就非常值得关注。因为对中国企业出口能力的恢复也产生不可忽视的积极意义，甚至能够冲销汇率升值所带来的负面影响。

（来源：百度百科）

1. 人民币汇改：指人民币汇率改革。2005年7月21日中国人民银行正式宣布开始实行以市场供求为基础、参考一篮子货币进行调节、有管理的浮动汇率制度。
2. 实体经济：指物质的、精神的产品和服务的生产、流通等经济活动。包括农工商业、交通通信业等物质生产和服务部门，也包括教育、文化等精神产品的生产和服务部门。
3. 股市市值：股本×每股股价＝该股市值。如该公司股本为一亿股，每股十块，则市值为十亿。

👉 お役立ち情報サイト

中国国家外汇管理局网 http：//www.safe.gov.cn/
中国银行业监督管理委员会 http：//www.cbrc.gov.cn/index.html
中国保险监督管理委员会 http：//www.circ.gov.cn/web/site0/
成功保险网 http：//www.xy178.com
一财网 http：//www.yicai.com/

練習問題の解答

練習一　1. C　2. E　3. A　4. B　5. F　6. D
練習二　1. F　2. A　3. E　4. C　5. D　6. B

第16課 証券業

> **概要**
>
> 国有企業改革の方針は、行政と事業の分離から所有と経営の分離へと進み、その帰結として株式会社化が推進された。資本市場整備の一環として1990年に開設された上海と深圳の証券取引所に上場する企業数は当初の十数社から約二千社にまで増えた。2009年には中国版ナスダックと称される新興企業向けの創業ボードが開設され起業ブームを支えている。

1 （株式市場の整備）深化股票发审制度市场化改革，规范发展主板和中小板市场，推进创业板市场建设，扩大代办股份转让系统试点，加快发展场外交易市场，探索建立国际板市场。

  主板：メインボード。東京証券取引所の東証一部に相当
  中小板：中小ボード。主に中小企業が上場。ジャスダックに相当
  创业板：創業ボード。ベンチャー企業が上場。マザーズに相当

2 （デリバティブ）推进期货和金融衍生品市场发展。促进创业投资和股权投资健康发展，规范发展私募基金市场。

  金融衍生品：金融派生商品、デリバティブ金融商品
  创业投资：ベンチャー企業の株式、すなわち未公開株式に投資すること
  股权投资：プライベートエクイティ、未公開株式に投資すること

3 （インサイダー取引）《国务院办公厅转发证监会等部门依法打击和防控资本市场内幕交易意见的通知》指出，当前打击和防控资本市场内幕交易面临的形势较为严峻，一些案件参与主体复杂，交易方式多样，操作手段隐蔽，查处难度很大。

  内幕交易：インサイダー取引

4 （投資信託）一家基金公司的基金经理则表示，前期市场大幅下跌，许多个股被错杀，相比在股市比较平稳的时期，近一段时间，"精选个股"显然更加容易。

  基金：投資信託、投資ファンド 个股：個別株、個別銘柄

5 （NY株式市場）美东时间10月25日16：00（北京时间10月26日04：00），道琼斯工业平均指数下跌207.00点，收于11,706.62点，跌幅1.74%；纳斯达克综合指数下跌61.02点，收于2,638.42点，跌幅2.26%；标准普尔500指数下跌25.14点，收于1,229.05点，跌幅2.00%。

日本語訳例

1 株式の発行・審査制度の市場化改革を深化させる。メインボードと中小ボード市場を規律正しく発展させ、創業ボード市場の整備を推進する。株式譲渡代行システムのパイロットプロジェクトを拡大する。場外取引市場の発展を加速し、国際ボード市場の設立を模索する。

2 先物と金融派生商品市場の発展を推進する。ベンチャーキャピタル投資とプライベートエクイティ投資の健全な発展を促進し、私募ファンド市場を規律正しく発展させる。

3 「資本市場におけるインサイダー取引の法的取締りと予防に関する証券監督管理委員会等の意見の国務院弁公庁通知」は、目下、資本市場でのインサイダー取引の取締りと予防が直面する状況はかなり厳しく、一部の事件では関与主体が複雑で、取引方法が多岐にわたり、オペレーション方法が隠蔽されており、取締りの難度が高いと指摘している。

4 前半の市場は大幅に下落し、多くの個別銘柄が過剰に売り込まれたが、それと比べると、株式市場が比較的落ち着いている直近のこの一時期は、「個別銘柄の選別」が明らかに一層たやすくなっている、と投資信託会社のファンドマネジャーが述べている。

5 米国東部時間10月25日16：00（北京時間10月26日04：00）、ダウジョーンズ工業株価平均指数は207ポイント下げ、下げ幅1.74％、11706.62ポイントで引けた。ナスダック総合指数は61.02ポイント下げ、下げ幅2.26％、2638.42ポイントで引けた。スタンダード・アンド・プアーズ500種指数は25.14ポイント下げ、下げ幅2％、1229.05ポイントで引けた。

証券会社の端末で株価の動きに見入る

訳してみよう

1 企业确定上市目标后，外部工作的实务操作：选聘相关中介机构、进行股份制改造、审计及法律调查、券商辅导、发行申报、发行及上市等。

  审计：会計監査
  券商：証券会社

2 有57家上市公司前十大流通股股东名单中私募新进，但公募退出，占私募新进股票数量的四成；另有7家上市公司私募退出但公募新进。

  流通股：流通株。国有企業系の上場企業の場合には、今でも政府機関が最大株主として株式を保有しているケースが多い。この場合の株式は非流通株と呼ばれ市場に出回らない
  私募："私募基金"と呼ばれる私募ファンドのこと。金融商品である投資信託は、投資する人を広く社会一般から募集する公募ファンドであるが、少数の投資家を非公開で募集するのが私募ファンド

3 简而言之，就是会影响股票价格而又未公开的信息。内幕信息具有两大特征：重大性和非公开性。

  简而言之：簡単に言うと

4 长期投资是基金定投积累财富最重要的原则，只有坚持长期投资才能充分发挥基金定投摊平成本和复利增值的效果。

  基金定投："定期定額投資基金"の略。例えば毎月25日に1万円というように累積投資で購入する投資信託（るいとうファンド）のこと
  摊平成本：コストを平準化する
  复利增值：複利増殖

5 沪指昨日温和放量收复2400点，反弹已经展开，但力度仍有待观察，午后的上涨更多的是受港股上涨带动，希望A股能真正走出独立行情。

  温和放量：成約量が徐々に拡大する
  反弹：反発する、反騰する、リバウンドする

関連語句

上证综指	上海証券取引所株価総合指数
深证成指	深圳証券取引所構成要素株価指数
A 股	A株、人民元建てで基本的に中国人が購入できる株式
B 股	B株、米ドルあるいは香港ドル建てで基本的に外国人が購入できる株式
红筹股	レッドチップ株、中国の資本だが、会社の登記は香港で行われた会社の株式
机构投资者	機関投資家
散户	小口の客、個人客、個人投資家
大盘股	大型株、市況
卖空	空売り

コラム

　世界経済の浮沈に連動して、やれ"**牛市**"（市場が活況を呈すること）だ、"**熊市**"（市場が低迷すること）だと投資家は気の休まる暇がありません。そんな中、2009年10月30日、深圳証券取引所で"**创业板**"（中国版ナスダック）の取引が始まり、内外の投資家から熱いまなざしが注がれたことは記憶に新しいと思います。7月26日に"**上市**"申請を受け付け、まず28社が上場しましたが、人気が沸騰、初日の引け時には28社の株式時価総額は1400億元、純資産の20倍にも達しました。しかし、こういった情況が"**炒股**"（投機）熱を煽ることは必至で"**创业板**"の行方は予断を許しません。

　証券市場のもう1つの課題は信用問題。"**内幕交易**"（インサイダー取引）の蔓延に、2011年、政府は〈**关于上市公司建立内幕信息知情人登记管理制度的规定**〉の制定、また、企業の"**带病上市**"を防ぐべく〈**信息披露违法行为行政责任认定规则**〉の制定にのり出しました。

練習問題

一 適当な言葉をA～Fより選び、（ ）の中に記入しなさい。

> A 规范　B 试点　C 探索　D 跌幅　E 交易　F 指数

1. 市审计局为保证城乡居民养老金发放过程中的资金安全，在经济开发区进行（　　），对279名60周岁以上拟发放养老金的人员进行了资格审查。
2. 欧洲股市11月9日盘中（　　）扩大，法国股市下跌逾2%。
3. 为进一步（　　）税收执法行为，今年汾阳国税积极采取有效措施，着力提高工作效率，提升服务质量。
4. 香港恒生（　　）周三收盘上涨1.71%。
5. google在今年8月宣布将斥资125亿美元收购摩托罗拉移动，这也是该公司迄今实施的最大规模（　　）。
6. 前房价过高是不争的事实，楼市还需继续加强调控，但如何使房价在调控中回归到合理的价格，还需要不断（　　），找到各方皆能接受且切实可行的办法。

二 組み合わせが適切となるよう左右の言葉を線で結びなさい。

1. 规范　　　A. 股票审发制度
2. 打击　　　B. 市场建设
3. 错杀　　　C. 中小板市场
4. 推进　　　D. 场外交易
5. 发展　　　E. 内幕交易
6. 改革　　　F. 有价值的个股

●●研究テーマ例

1. 中国における創業板の発展と課題
2. 中国における投資ファンドの育成と課題
3. 上海・深圳・香港各証券取引所の特徴と役割

文章の日本語訳問題

　　今年下半年以来市场普跌，国内 CPI 指数 居高不下，外部市场受 欧债危机 导致出口下滑。但据近期数据表明，9 月份 CPI 同比上涨 6.1%，较 8 月份 6.2% 进一步回落。10 月份以来农业部公布的食品价格指数出现明显回落，油价的下调也将拉低非食品价格。随着 翘尾因素 的迅速消减，通胀下行趋势已基本确立，宏观基本面则继续下行，进出口增速大幅回落，货币紧缩政策也已见显著效果，未来进一步紧缩可能性较低。同时近期欧盟开始有了解决问题的迫切感，未来 3 个月欧债危机可能有所缓解，金融市场下行风险减小，A 股的外围环境将有所好转。基于上述因素，分析师认为，目前国内外的政策和经济环境在短期内有所好转，国内政策方向较确定，海外危机有所缓和，中长期经济持续放缓。在国内紧缩政策不发生根本性转变的情况下，国内市场不太可能发生趋势性反转，但是最差的时候基本过去。

　　　　　　　　　　　　　　　　　　　　　　　　（来源：《现代快报》2011 年 11 月 9 日）

1. CPI 指数：(Consumer Price Index) 消费物价指数的英文缩写。
2. 欧债危机：即欧洲主权的债务危机，指在 2008 年金融危机发生后，希腊等欧盟国家所发生的债务危机。
3. 翘尾因素：(carryover effects)"翘尾"主要是指上年年末的上涨因素，对第二年的影响。其中的"尾"是指年末，"翘"是指上升的曲线。又称滞后影响、翘尾效应等等。

お役立ち情報サイト

中国証券監督管理委員会 http：//www.csrc.gov.cn/pub/newsite/
中国証券業協会 http：//www.sac.net.cn
東方財富 http：//www.eastmoney.com
上海証券取引所 http：//www.sse.com.cn/sseportal/ps/zhs/home.html
深圳証券取引所 http：//www.szse.cn/
証券之星 http：//www.stockstar.com/

練習問題の解答

練習一　1. B　2. D　3. A　4. F　5. E　6. C
練習二　1. C　2. E　3. F　4. B　5. D　6. A

第17課 新エネルギー産業

> **概要**
> 第12次五カ年計画において戦略的新興産業の1つに位置づけられた新エネルギー産業分野では、次世代原子力発電、太陽光発電と太陽熱発電、大型風力発電、スマートグリッド、バイオマスエネルギー利用を重点的に発展させ基幹産業に育成するとしている。

1 （新エネルギー）新能源产业重点发展新一代核能、太阳能热利用和光伏光热发电、风电技术装备、智能电网、生物质能。
   光伏发电：太陽光発電（太陽電池・ソーラーパネルを使う発電）
   智能电网：スマートグリッド

2 （次世代原子力）中科院将正式启动包括未来先进核裂变能、干细胞与再生医学研究在内的4项战略性先导科技专项，这标志着中科院"创新2020"顺利开局，中科院即将进入跨越发展新时期。其中，新一代核能系统研发落脚上海。

3 （太陽光発電）如果太阳能光伏发电和热发电的发展规模类似当前的风电时，电网对太阳能发电的容纳程度会大大高于风电；其次，太阳能的利用要解决连续发电问题，即晚上如何发电，太阳能热发电通过储热和延时利用，将白天的太阳能用于夜晚发电，这就是近10年国际上和中国正在积极技术攻关的难题。
   延时：遅らせる、遅延の

4 （スマートグリッド）未来5年计划投资2500亿美元，建设连接我国大型能源基地和主要用电负荷中心的"三纵三横"结构的特高压骨干网架，新建电动汽车充换电站2950多座和充电桩54万个，安装智能电表2.3亿只。
   充电桩：充電スタンド、充電スポット　　智能电表：スマートメーター

5 （バイオマス発電）为推动生物质发电技术的发展，2003年以来，国家先后核准批复了河北晋州、山东单县和江苏如东3个秸秆发电示范项目，颁布了《可再生能源法》，并实施了生物质发电优惠上网电价等有关配套政策，从而使生物质发电，特别是秸秆发电迅速发展。

日本語訳例

1. 新エネルギー産業では、新世代原子力・太陽熱エネルギー利用と太陽光発電・太陽熱発電・風力発電技術装置・スマートグリッド・バイオマスエネルギーを重点的に発展させる。

2. 中国科学院は、未来の先進的核分裂エネルギー・幹細胞と再生医学研究を含む4項目の戦略的先端科学技術特別プロジェクトを正式に始動させる。これは、中国科学院の「イノベーション2020」の順調な開始を示しており、中国科学院は間もなく飛躍的発展の新時代に突入する。その中で、新世代原子力システムの研究開発は上海に拠点が置かれた。

3. 仮に太陽光発電と太陽熱発電の発展規模が現在の風力発電と似たものになったとき、送電網の太陽エネルギー発電に対する受け入れレベルは風力発電を大きく上回る。その次に、太陽エネルギーの利用は夜中にどうやって発電するかというように、連続発電の課題を解決しなければならない。太陽熱発電は蓄熱と遅延利用を通じ、日中の太陽エネルギーを夜間の発電に用いる。これは、最近10年、世界の国々や中国が積極的に取り組んでいる技術上の難題である。

4. これからの5年、2500億米ドルの投資を計画しており、我が国の大型エネルギー基地と主要な電力使用のロードセンターを接続する「三本の縦軸、三本の横軸」構造の超高圧幹線送電網を建設し、2950基余りの電気自動車の充電・電池交換ステーションと54万個の充電スタンドを新たにつくり、スマートメーターを2億3000万個据え付ける。
   ▶三本の縦軸：錫盟－南京、張北－南昌、蒙西－長沙
   　三本の横軸：陝北－濰坊、靖辺－連雲港、雅安－上海

5. バイオマス発電技術の発展を推進するため、2003年以来、国は前後して河北省晋州市・山東省単県・江蘇省如東県の3つの麦ワラ・稲ワラ発電モデルプロジェクトを審査許可し、「再生可能エネルギー法」を公布した。そのうえ、バイオマス発電の送電網利用料金を優遇するなど関連する付帯政策を実施し、これによってバイオマス発電、特にワラ発電を急速に発展させた。

香港にお目見えした全ソーラー式の翼船

訳してみよう

1 国家能源局将新能源城市建设纳入十二五可再生能源规划，计划建设 100 座新能源城市，1000 座新能源示范园区，来推动新能源技术在城市中的规模化应用。

 示范：モデル、模範
 规模化：大規模化、大量に

2 "当然，发展核电必须确保安全。"张国宝强调，福岛核事故也在催生更加安全可靠的核电技术，而中国未来必然是世界最大的核电市场。

 催生：早く生まれるようにする

3 在即将出台的《可再生能源"十二五"发展规划》中，太阳能发电装机容量规划目标可能将调整为 1500 万千瓦。

 出台：登場する、発表する、打ち出される
 装机容量：設備容量、発電容量、最大出力

4 "目前，国家电网就是要大力推广充电桩、充电站的建设，虽然商业化条件目前尚不成熟，但现在是形象上造势，我们可以'不计成本'。"

 国家电网：国家電網社（英語名：State Grid）、中国最大の配電会社
 造势：宣伝する、盛りたてる、プロモーションする
 不计成本：コストにこだわらない、コストを問題にしない

5 传统生物质能和大中小水电称为传统可再生能源，太阳能、风能、现代生物质能、地热能、海洋能统称为新型可再生能源，是新能源的主要组成部分。

 传统：従来の、伝統的
 现代：近代、先進的、最新水準の

関連語句

清华阳光	清華陽光社、清華大学が設立したソーラー温水器メーカー
金太阳工程	金太陽プロジェクト、中国政府が2009年から始めた太陽光発電普及促進のための支援プロジェクト名
非化石能源	非化石エネルギー
光伏集成建筑	建材一体型太陽光発電
浓缩铀反应堆	濃縮ウラニウム原子炉
辐射量	放射線量
微希	マイクロシーベルト
贝克勒尔	ベクレル
LED 节能灯	LED省エネランプ
半导体发光二极管	LED

コラム

"七大战略性新兴产业"（"节能环保""新一代信息技术""生物""高端装备制造""新能源""新材料""新能源汽车"）の対"国内生产总值"（GDP）比を、2020年には15％まで拡大しようという政府の戦略。

そのうちの1つ"新能源"で注目されているのが"风能"。

政府は2007年から400カ所の観測網を使って測定し、高度50メートル地点では、陸上で23億8000万キロワット、水深5～25メートルの近海で2億キロワットが開発可能であることを突き止めました。主な地域としては、内蒙古の東部や西部、新疆の哈密、甘粛省の酒泉、河北省の壩上、吉林省西部、江蘇省近海などが挙げられています。

このうち酒泉は三峡ダムに匹敵する発電能力があり、「陸の三峡」と呼ばれ、江蘇省の東台は「海の三峡」と呼ばれています。風力発電が特に盛んなのが内蒙古自治区で、2010年末には500万キロワットに達する勢いを示しました。

練習問題

一 適当な言葉を A～F より選び、（　）の中に記入しなさい。

> A 启动　B 解决　C 安装　D 批复　E 颁布　F 进入

1. 由世界 500 强——韩国现代重工投资 5 亿美元建设的威海现代风机有限公司现已进入设备（　　）阶段。
2. 美国纽约州对玩具、儿童护理产品等（　　）了多项法规，其中对于产品铅含量、含漆玩具的定义等内容将使我国出口到美国的儿童产品遭受一定的阻力。
3. 楼盘销售人员表示："对于已购房业主提出的要求，我们会尽量进行沟通和（　　）。"
4. 环保部、国土资源部和水利部联合举行新闻发布会，通报了经国务院正式（　　）的《全国地下水污染防治规划》。
5. 美国商务部称，已于周二（　　）了针对进口自中国的多晶硅太阳能电池板、太阳能电池、层压板以及由这些产品组装的其他产品的调查。
6. 葡萄酒正在悄然（　　）"寻常百姓家"，成为平民化的大众饮品。

二 組み合わせが適切となるよう左右の言葉を線で結びなさい。

1. 启动　　　A. 连续发电问题
2. 解决　　　B. 科研项目
3. 安装　　　C. 收费方案
4. 批复　　　D. 智能电表
5. 颁布　　　E. 新能源时代
6. 进入　　　F. 法律法规

●●研究テーマ例

1. 中国の原子力発電
2. 中国の太陽光発電
3. 中国におけるスマートグリッド
4. 核威胁：倚仗核武器对其他国家、族群进行威逼胁迫，使其服从的潜在能力。核武器可能会改变未来全球性战争的进程，对现实国际政治斗争已经和正在不断地产生影响。

文章の日本語訳問題

　　日本福岛核事故后，世界范围内的反核浪潮不断。德国四大城市近 20 万人参加了反核示威活动。示威者高举标语：福岛的警示，关闭一切核电站。要求政府永久关闭全国现有的 17 座核电站。日本、法国各地也掀起了大规模反核电游行。日本福岛核电站事故引发了全人类对核安全的一场战栗。核电安全已成为达摩克利斯之剑，悬在人类社会头上。根据美国《未来学家》预测：到 2030 年，很多资源都会出现非常严重的稀缺状况，人们对于能源尤其是电力的渴求将持续飙升：核能很快战胜石油，可能提供全球的电力将由现在 16% 增长到 30%。到底要不要发展核能，最根本的还是从环境保护和资源角度的考量。

　　每个国家要根据自己的资源状况决定能源结构，要满足社会经济发展的需要，也必须要考虑国家能源安全问题。　　　　　　　　　　（来源：《科技日报》2011 年 11 月 10 日）

1. 达摩克利斯之剑：(Sword of Damocles)，用来表示时刻存在的危险。
2. 能源结构：指能源总生产量或总消费量中各类一次能源、二次能源的构成及其比例关系。能源结构是能源系统工程研究的重要内容，它直接影响国民经济各部门的最终用能方式，并反映人民的生活水平。能源结构分为生产结构和消费结构。
3. 能源安全：指为保障一国经济社会和国防安全，使能源特别是石油可靠而合理供应，规避对本国生存与发展构成重大威胁的军事、政治、外交和其他非传统安全事件所引起的能源供需风险状态。

☞ **お役立ち情報サイト**

国家能源局 http：//nyj.ndrc.gov.cn/
中国太陽能産業聯盟ネット http：//www.21tyn.com/
北极星电力网 http：//www.bjx.com.cn
21 世纪电源网 http：//www.21dianyuan.com/
能源世界网 http：//www.chinagb.net/

練習問題の解答

練習一　1. C　2. E　3. B　4. D　5. A　6. F
練習二　1. B　2. A　3. D　4. C　5. F　6. E

第18課　新素材産業

概要

戦略的新興産業の1つに位置づけられた新素材産業においては、現在、ほとんどを輸入に頼っている高性能材料・重要部品分野で研究開発を行い、産業化を加速するとしている。具体的には、炭素繊維やアラミド繊維を使った複合材料、LEDなどの電子・光学用材料、半導体素材、新型高温合金材料、高品質特殊鋼、超電導材料、高性能レアアース素材、ナノテクノロジーを利用した新しい高機能材料等の分野である。

1　（7大戦略的新興産業）工业和信息化部部长表示，新材料是七大战略性新兴产业之一，对于支撑整个战略性新兴产业发展，促进传统产业转型升级，保障国家重大工程建设，具有重要战略意义。

2　（新素材6分野）"十二五"期间，国家将实施新材料重大工程项目，对高强轻型合金材料、高性能钢铁材料、功能膜材料、新型动力电池材料、碳纤维复合材料、稀土功能材料等六类新材料进行重点支持。

　　功能膜材料：機能性膜材料
　　碳纤维复合材料：炭素繊維（カーボンファイバー）複合材料

3　（新動力電池）近5年来，锂动力电池技术日臻成熟，按照其所选用的正极材料来划分，主要有锰酸锂、三元材料和磷酸铁锂3种，已被用于新能源汽车动力电池中。

　　三元材料：三元系材料。正極材料として一般的に使われていたコバルト酸リチウムのコバルトの一部をニッケルとマンガンで置換えたもの。

4　（炭素繊維）碳纤维可分别用聚丙烯腈纤维、粘胶丝或醛纤维经碳化制得，其中，以聚丙烯腈为原料的碳纤维占市场份额75%。

　　聚丙烯腈：ポリアクリロニトリル、合成繊維の1つ　　粘胶丝：ビスコース糸
　　醛纤维：アルデヒド繊維

5　（レアアース）权威人士透露，新材料产业"十二五"发展思路中明确提出，未来五年将"大力发展稀土永磁、催化、储氢等高性能稀土功能材料和稀土资源高效率综合利用技术。"

　　权威人士：オーソリティ　　　　　　催化："催化剂"のこと、触媒
　　储氢：水素吸蔵

日本語訳例

1 工業・情報化省の大臣は、新材料は7大戦略的新興産業の1つで、戦略的新興産業全体の発展を支え、従来型産業の転換と高度化を促し、国家の重要プロジェクト建設を保障することに対し、重要な戦略的意義を有していると述べた。

2 「第12次五カ年計画」期間に、国は新素材の重要プロジェクトを実施し、高強度軽量合金材料・高性能鉄鋼材料・機能性膜材料・新型動力電池材料・炭素繊維複合材料・レアアース機能材料など6種類の新素材に対して重点的にサポートする。

3 最近の5年間で、リチウム動力電池技術は日に日に成熟している。それに選択使用されている正極材料によって分けると、主にマンガン酸リチウム・三元系材料・リン酸鉄リチウムの3種があり、すでに新エネルギー車の動力電池に使われている。

4 炭素繊維はポリアクリロニトリル繊維、ビスコース糸あるいはアルデヒド繊維をそれぞれ使い炭化を経て製造することができる。そのうち、ポリアクリロニトリルを原料とする炭素繊維がマーケットシェア75%を占めている。

5 新素材産業の「第12次五カ年計画」の発展構想の中において、今後5年間に「レアアース永久磁石・触媒・水素吸蔵など高性能のレアアース機能材料とレアアース資源の高効率総合利用技術を全力をあげて発展させる」旨を明確に提起したと権威筋が明らかにした。

さらなる成長が期待される炭素繊維産業

訳してみよう

1 "新七领域"为"节能环保、新兴信息产业、生物产业、新能源、新能源汽车、高端装备制造业和新材料"。标志着新兴战略产业框架已成定局。

　　定局：定まった状態、(大勢が) 決まる

2 不仅是"十二五"新材料规划将高性能钢列为政策重点支持的品种之一，在即将出台的钢铁业"十二五"规划中，发展高性能钢也是重中之重。

　　重中之重：重点中の重点

3 南都电源公告，公司拟使用剩余的其他与主营业务相关的营运资金投资新型动力及储能电池生产线建设项目，项目总投资为 13 亿元。

　　南都电源："浙江南都电源动力股份有限公司"のこと。2010 年に深圳株式市場の創業ボードに上場

4 关键技术的突破释放了碳纤维产业发展活力，吉林市正逐步形成一个完整的碳纤维产业集群。

　　释放：放出する、リリースする、釈放する
　　集群：集積地、クラスター

5 我国从 2009 年起暂停对稀土实施颁发新的探矿权和采矿权许可证，并发布了保护性特定矿种的开采办法，是实行开采统一规划、总量控制和综合利用的政策。

　　颁发：交付する、公布する、授与する

関連語句

主导产业	リーディング産業
新材料产业体系	新素材産業体系
多功能	多機能
集群效应	集積効果
高韧性	高靭性
抗拉强度	引張り強度
屈服强度	降伏強度
延伸率	（素材の）伸び率
耐腐蚀性能	耐腐食性能
焊接性能	溶接性能
冲击性能	衝撃性能

コラム

　2011年を"战略性新兴产业"の"星星之火，可以燎原"の年と位置づけている中国政府。1月から5月の間に全国で"新登记"した"战略性新兴产业"は4669社に上りました。その一方では、"汽车""钢铁""水泥""机械制造""电解铝""稀土""电子信息""医药"といった8大産業では集中度を高める"兼并重组"（再編）の嵐が吹き荒れています。

　表題の"新材料"（新素材）市場は、2015年には6000億元の市場に成長し、そのうち80%近くを新機能性材料が占めると予測されています。

　2009年に"科技部""工业和信息化部""财政部""住房城乡建设部""国家质检总局""国家发展改革委"から〈半导体照明节能产业发展意见〉が出され、発展が注目されているLED市場は2015年には市場規模が5000億元、さらには1兆元にも達するといわれています。また、中国特殊鋼市場も500億元が見込まれています。

　こうした新素材産業は、主として沿海地方に分布していますが、最近では、四川省・陝西省・黒竜江省といった内陸部にも進出しています。

練習問題

一　適当な言葉を A～F より選び、（　）の中に記入しなさい。

> A　转型　B　新兴　C　战略性　D　能源　E　成熟　F　传统

1．由于创业板公司普遍属于（　　）产业，未来成长性仍然值得期待。
2．在今日举办的 2011 财新峰会上，全国政协经济委员会副主任、工业和信息化部前部长李毅中表示，当前加快工业（　　）升级迫在眉睫、刻不容缓。
3．我国在把新能源作为战略的同时，也不能完全忽略（　　）电力能源的优化升级。
4．2010 年，俄罗斯已成为世界第一大原油生产国与天然气生产国，与此同时也是世界第四大（　　）消费国，位列中国、美国、印度之后。
5．作为能源大省，山西首次将煤层气产业和现代煤化工产业列入（　　）新兴产业。
6．我国压路机产业经过多年的在引进技术的基础上不断自主创新已经逐渐走向了（　　）。

二　組み合わせが適切となるよう左右の言葉を線で結びなさい。

1．战略　　　A．产业
2．日臻　　　B．份额
3．市场　　　C．意义
4．综合　　　D．扶持
5．新兴　　　E．成熟
6．重点　　　F．利用

●●研究テーマ例

1．中国新素材産業市場の概要とその将来性について
2．LED に関する政策と業界の取り組みおよび普及状況
3．カーボンファイバーに関する政策の分析

文章の日本語訳問題

　　《新材料"十二五"规划》提出，在"十二五"期间，我国重点发展高端金属结构材料。钛合金的强度可以与高强钢相媲美，钛密度却只有铁的57%；具有很好的耐热、耐低温、耐腐蚀性，被称为"太空金属"和"海洋金属"。未来中国大飞机的批量生产和钛合金民用结构性材料领域的替代效应，有望带动钛材行业的爆发式增长，使其成为名副其实的"第四金属"。同时，被称为"新材料之王"的碳纤维亦值得关注。碳纤维被广泛应用于飞机制造、风力发电叶片、海洋钻探、汽车构件、体育器材、医疗器械、建筑补强材料等行业，被誉为21世纪的"新材料之王"。碳纤维作为战略性新兴产业中的一种重要产品，正受到越来越多人的关注。目前国内碳纤维总产能为4000吨／年，而实际产量不足2000吨，自给率不足20%，需求市场空间巨大。

（来源：《证券时报网》2011年9月29日）

1. 《新材料"十二五"规划》：中国国务院为加快推进节能环保、新一代信息技术、生物、高端装备制造、新能源、新材料和新能源汽车七个产业的发展而颁布的计划。
2. "十二五"期间：2011年至2015年，是中国全面建设小康社会的关键时期，是深化改革开放、加快转变经济发展方式的攻坚时期。"十二五"规划的全称是：中华人民共和国国民经济和社会发展第十二个五年规划纲要。
3. 钛合金：20世纪50年代发展起来的一种重要的结构金属，钛合金因具有强度高、耐蚀性好、耐热性高等特点而被广泛用于各个领域。

☞ お役立ち情報サイト

新材料产业网 http://www.materials.net.cn
中国新材料网 http://www.chinamaterials.cn/
中国稀土 http://www.cre.net/
全球电池网 http://www.qqdcw.com/
高分子材料网 http://www.polymercn.net/

練習問題の解答

練習一　1. B　2. A　3. F　4. D　5. C　6. E
練習二　1. C　2. E　3. B　4. F　5. A　6. D

第19課　**新世代情報技術産業**

> **概要**
>
> 　第 12 次五カ年計画において戦略的新興産業の 1 つに位置づけられた新世代情報技術産業分野では、新世代移動通信、次世代インターネット、放送・通信・ネットの融合、クラウドコンピューティング等を重点的に発展させるとしている。特に、国産の第 4 世代規格として独自の知的財産権を持つ新世代移動通信技術 TD-LTE の普及に力が注がれよう。

1　（新世代情報技術）新一代信息技术产业重点发展新一代移动通信、下一代互联网、三网融合、物联网、云计算、集成电路、新型显示、高端软件、高端服务器和信息服务。

  下一代互联网：次世代インターネット　　三网融合：放送網と通信網とインターネットの融合
  物联网：モノのインターネット　　　　　　云计算：クラウドコンピューティング

2　（電子商取引）积极发展电子商务，完善面向中小企业的电子商务服务，推动面向全社会的信用服务、网上支付、物流配送等支撑体系建设。

3　（国産 4G 規格）TD-LTE-Advanced 是中国继 TD-SCDMA 之后，提出的具有自主知识产权的新一代移动通信技术。它吸纳了 TD-SCDMA 的主要技术元素，体现了我国通信产业界在宽带无线移动通信领域的最新自主创新成果。

  自主创新：自主イノベーション、自社革新

4　（次世代インターネット）中国下一代互联网示范工程 CNGI 由国家发展改革委员会牵头，联合信息产业部、科技部、教育部和自然科学基金会等 8 个部委共同组织的我国实施下一代互联网战略发展计划的重大工程，旨在攻克下一代互联网及其重大应用的基础性技术和关键技术。

  CNGI：China Next Generation Internet

5　（クラウド）谈及微软云计算在中国的发展，Tony Scott 表示，中国市场让微软非常兴奋，"我们在中国有一个一流的合作伙伴体系，现在我们云计算技术的很多方面，不论是电子邮件、SharePoint 还是其它功能，都通过合作伙伴实现了。"

  微软：マイクロソフト社

日本語訳例

1 新世代情報技術産業においては、新世代移動通信・次世代インターネット・放送網と通信網とインターネットの融合・モノのインターネット・クラウドコンピューティング・集積回路・新型ディスプレイ・ハイエンドソフトウェア・ハイエンドサーバー・情報サービスを重点的に発展させる。

2 電子商取引を積極的に発展させ、中小企業を対象にした電子商取引サービスを整備し、社会全体を対象にした信用サービス・ネット決済・物流配送等のサポートシステムづくりを推進する。

3 TD-LTE-Advanced は中国が TD-SCDMA の後継として打ち出した自らの知的財産権を有する新世代移動通信技術である。それは TD-SCDMA の主要な技術要素を取り入れ、我が国の通信産業界のブロードバンドワイヤレス移動通信分野における最新の自主イノベーション成果を体現している。

4 中国の次世代インターネットのモデルプロジェクトである CNGI は、国家発展改革委員会がリードし、情報産業省・科学技術省・教育省・自然科学基金会など 8 つの省庁や委員会が連携し、共同で組織した、我が国が実施する次世代インターネットの戦略的発展計画の重要なプロジェクトで、次世代インターネットとその重要なアプリケーションの基礎的技術と基幹技術をものにすることを目指している。

5 マイクロソフト社のクラウドコンピューティングの中国における展開に話が及んだとき、中国のマーケットがマイクロソフトをとても興奮させたとして、Tony Scott は、「我々は中国において一流の協力パートナーシステムを有しており、現在我々のクラウドコンピューティングの技術の多くの領域では、電子メール・SharePoint でも、その他の機能でも全て協力パートナーを通じて実現している」と述べた。

ブロードバンドで世界とつながる

訳してみよう

1 小朋友在教室门口一刷卡，"宝宝在线"平台就会给家长发短信通知孩子平安到达，登陆"宝宝在线"还能实时查看孩子的活动和室内的温度湿度。

> 刷卡：読取り機に磁気カードを通す
> 平台：プラットフォーム、システム環境
> 登陆：（ネットに）アクセスする
> 实时：リアルタイム

2 宽带成就了一个庞大的而且潜力仍在持续释放的巨型产业，中国电子信息产业去年销售收入几乎毫无悬念地突破6万亿元大关。

> 大关：大台

3 目前，中国移动即将展开TD-LTE初期终端设备采购计划，明年底前采购金额达人民币2亿元，台湾厂商广达、联发科及宏达电等厂商有望加入。

> 广达：台湾のノートブックパソコンメーカー、広達集団社
> 联发科：台湾のICメーカー、聯発科技社
> 宏达电：台湾のスマートフォンメーカー、宏達国際電子社

4 在中国推进IPv6应该逐步进行。必须注意建网与设备供应商、运营商、增值服务商的自主创新和市场培育协调发展。

> 增值服务商：付加価値サービス提供業者

5 未来一段时间，随着多项扶持政策的陆续出台，云计算近万亿元的市场空间将徐徐开启。

関連語句

信息化管理	情報化管理
信息包	パケット
网络普及率	ネットワーク普及率
网络法制建设	ネットワーク法制整備
电信垄断	通信独占
网段（宽带）接入垄断	ブロードバンドのネットワークセグメントのアクセス独占
光纤到户	光ファイバー網を家庭まで敷設する通信ネットワーク構想
光网战略	光ファイバーネットワーク戦略
智慧城市	スマートシティ
即时通信	インスタントメッセンジャー

コラム

　主要分野の1つが次世代情報ネットワーク。本課p.110の「概要」やテキストの4番でも触れているような"下一代互联网"（次世代インターネット）や"泛指网"（ユビキタスネットワーク）、"新一代移动通信"（次世代モバイル通信）、"三网融合"（トリプルプレイ）、"云计算"（クラウドコンピューティング）、さらには"物联网"（物のインターネット）など、さまざまなアイテムが登場しています。

　次世代インターネットでは光ブロードバンド（"宽带"）の技術開発や基準の整備が推進されています。ユビキタスネットワークでは、国際基準で主導権を握ろうと政府が積極的にサポート、"智能电网"（スマートグリッド）を始めとする10の主要な応用分野（スマートグリッド・環境・交通・物流・医療・住宅・農業・金融・サービス・国防）に力を入れています。この他、トリプルプレイの分野では、すでに2010年に関連通知を発し、"中国广播电视网络公司"が設立され、全国各都市で実験が始まっています。

練習問題

一 適当な言葉を A〜F より選び、（　）の中に記入しなさい。

> **A** 高端　**B** 普及　**C** 引导　**D** 自主创新　**E** 成果　**F** 新一代

1. 2011–2012 冬春航季，身着唐装的地服人员将在头等舱候机室、政要休息室形成一道道吸引眼球的亮丽风景，进一步点亮东航云南的（　　　）服务。
2. 机器狗在日本研发公司 NSK 里，（　　　）一名被蒙上眼睛的研究学者上下楼梯。
3. 根据国外媒体的报道，上游供应链透露，苹果（　　　）iPad 平板年内便会量产 200 万台，预计明年第一季度正式发布。
4. 为期四天的第七届海峡两岸林业博览会暨投资贸易洽谈会昨日胜利闭幕展会取得了丰硕的（　　　）。
5. 要大力推进科技（　　　），在高端技术、核心技术开发上下苦功，不断开发出具有自主知识产权的技术，把"中国制造"变为"中国创造"。
6. 韩国成为世界范围内首个（　　　）NFC 服务的国家，本土企业将上升至全球 NFC 市场的领头羊地位。

二 組み合わせが適切となるよう左右の言葉を線で結びなさい。

1. 加快　　　　A. 关键技术
2. 攻克　　　　B. 实验环境
3. 提供　　　　C. 创新成果
4. 提高　　　　D. 服务器
5. 高端　　　　E. 网络建设
6. 最新　　　　F. 宽带普及率

●●研究テーマ例

1. 中国における次世代インターネットへの取り組み
2. 中国におけるユビキタスへの取り組み
3. 中国における次世代モバイル通信の取り組み

文章の日本語訳問題

　　昔日IT霸主在短短几年内地位旁落尽显疲态，越来越多的个人用户将计算任务向手机和<mark>平板电脑</mark>转移，微软面临史上最严峻的考验。刚刚开幕的第110届广交会历史上首次开设美国馆，微软、沃尔玛、可口可乐、百事可乐等美国著名企业第一次亮相广交会，为中国采购商带来了全球最新的产品和技术。微软的展台占据了美国馆最显眼的位置，微软全球资深副总裁，大中华区董事长兼CEO梁念坚在接受记者专访时表示，微软通过收购Skype进军社交网络，通过Windows8的发布与苹果、谷歌在智能移动终端操作系统市场展开正面竞争，转型会比外界预想的要快。"尽管微软在转型中走了弯路，但我对微软未来很有信心。"而且中国区的业绩也比外界想象的好，"打破了微软中国区CEO只能做三年的魔咒"。　　　　　　　　（来源：《南方都市报》2011年10月18日）

● 平板电脑：(Tablet Personal Computer)，是一种小型、方便携带的个人电脑，以触摸屏作为基本的输入设备。平板电脑由比尔·盖茨提出，从微软提出的平板电脑概念产品上看，平板电脑就是一款无须翻盖、没有键盘、小到足以放入女士手袋，但却功能完整的PC。

☞ お役立ち情報サイト

中国工业和信息化部 http：//www.miit.gov.cn/n11293472/index.html
IT168网 http：//www.it168.com/
IT时代周刊 http：//www.ittime.com.cn/
计世网 http：//www.ccw.com.cn/
国家信息网 http：//www.go114.org/
苹果园 http：//www.app111.com/

練習問題の解答

練習一　1. A　2. C　3. F　4. E　5. D　6. B
練習二　1. E　2. A　3. B　4. F　5. D　6. C

第20課 バイオ産業　医薬品

概要

バイオ産業は世界的にも IT 産業に次ぐ新たな産業分野と目されており、戦略的新興産業の1つに位置づけられている。重点的に育成を図る分野は、近代的漢方を含むバイオ医薬、バイオ農業、燃料エタノールや非食糧植物エネルギーなどのバイオエネルギー、発酵製品等の品質を上げるバイオテクノロジーによる製造などである。

1　（バイオ産業）大力发展创新药物、医疗器械、生物农业、生物制造等关键技术和装备。实施生物医药、生物医用材料、先进医疗设备、生物种业、农业生物药物、先进生物制造等科技产业化工程。

　　生物制造：バイオマニュファクチャリング
　　生物种业：バイオ育種

2　（医薬分野のイノベーション目標）重点突破药物创制、新型疫苗、抗体药物及规模化制备、疾病早期诊断等关键技术和生产工艺，获得40项拥有自主知识产权的新型药物产品，获得关键专利700~800项，形成关键生产工艺及相关标准100项，建设抗体、疫苗、诊断等新型生物医药开发及产业化基地30~40个，培育10个龙头企业。

　　疫苗：ワクチン
　　龙头企业：リーディングカンパニー

3　（漢方薬）截至目前，国内未研发出一个能打入国际市场的化学新药；作为国粹的中药，至今也未有一个产品畅销欧美，这让国内医药行业处于十分尴尬的境地，也是亟待解决的问题。

4　（アグリバイオ）生物农业强调通过促进生物循环保持土地生产力，用生物学方法防治病虫害，实现农业环境的生态平衡。生物农业包括转基因育种、动物疫苗、生物饲料、生物农药等领域。

　　转基因育种：遺伝子組換え育種

5　（発酵バイオ事業）我国生物制造业已经进入工业化阶段，正在形成产业，其领域与规模不断扩大，已经形成国民经济新增长点。其中，氨基酸、维生素、有机酸等大宗发酵产品规模稳居全球第一，产值超过1000亿元。

日本語訳例

1. 全力をあげて薬剤のイノベーション・医療器械・バイオ農業・バイオマニュファクチャリング等の基幹技術・装置の発展に努める。バイオ医薬・バイオ医療用材料・先進的医療設備・バイオ育種・農業バイオ薬剤・先進的バイオマニュファクチャリング等の科学技術産業化プロジェクトを実施する。

    ▶ "大力发展～" で始まる政策・計画の文です。

2. 薬剤創製・新型ワクチン・抗体医薬および量産調製・疾病早期診断などの基幹技術と生産技術を重点的に乗り越え、自分たちが知的財産権を有する新型薬剤を40項目、基幹特許を700～800項目獲得し、基幹生産技術および関連の標準を100項目つくり上げ、抗体・ワクチン・診断試薬などの新型バイオ医薬品開発および産業化基地を30～40カ所建設し、10社のリーディングカンパニーを育成する。

    ▶ "重点突破～" で始まる政策・計画の文です。

3. 現在に至るまで、国内では国際市場に参入できる化学新薬というものを研究開発していない。中国文化の精華としての漢方薬も今まで欧米でよく売れる商品というものがなく、これが国内の医薬業界を非常に困惑させる立場に置いており、解決が急務の問題でもある。

4. アグリバイオは、生物循環の促進を通じて土地の生産力を保ち、生物学の方法を用いて病虫害を防ぎ、農業環境の生態バランスを実現するよう強調している。アグリバイオには、遺伝子組換え育種・動物用ワクチン・バイオ飼料・バイオ農薬などの領域を含む。

5. 我が国のバイオ製造業はすでに工業化の段階に入っており、まさに今、産業を形成しつつある。その領域と規模は絶えず拡大し、すでに国民経済の新しい成長分野となっている。そのうち、アミノ酸・ビタミン・有機酸などの大口の発酵製品の規模は不動の世界第1位であり、生産額は1000億元を超えている。

漢方薬も扱うドラッグストアチェーン

訳してみよう

1 国家将拓宽融资渠道，积极支持符合条件的中小生物企业在中小企业板和创业板上市，鼓励符合条件的生物企业在境内外上市筹资等。

　　筹资：資金調達

2 在研究内容上，重点支持严重危害人民健康的重大疾病（如结核病、肿瘤、代谢性疾病、神经精神疾病及罕见病等）防治急需药物的临床前和临床研究。

3 在目前近 200 亿美元的国际中药市场上，中国仅有 3%～5% 的占有率，而且其中约有 70% 来自中草药原料，附加值高的中成药出口微乎其微。

　　中药：漢方薬

4 培育动植物新品种 300 个，在生产优势区域形成一批标准化、规模化、机械化的种子生产基地，形成一批具有国际竞争力的龙头企业。

5 就产值而言，生物发酵产业在生物制造产业所占比重大约 80% 以上。2010 年，我国生物发酵产业产品产量达到 1800 万吨，产值为 1900 亿元。

　　就…而言：…について言えば
　　比重：比率

関連語句

生物技术	バイオ技術
基因工程	遺伝子工学
生化工程	生物化学工学
人类基因组计划	ヒトゲノム計画
水稻基因组计划	イネゲノム計画
再生清洁能源	再生クリーンエネルギー
乙醇汽油	バイオガソリン（エタノール混合ガソリン）
生物柴油	バイオディーゼル燃料

コラム

　広大な土地と自然を持つ中国には特有の高等植物が17300種、脊椎動物は667種生息します。これらの資源の流出や自然破壊による喪失に対する危機が近年とみに高まり、また産業化による莫大な経済利益に着目して、官民挙げての取り組みが始まっています。

　2010年、〈**国务院关于加快培育和发展战略性新兴产业的决定**〉が出され、バイオ産業は中国"**高新技术**"（ハイテク）領域の基幹産業と位置づけられました。主な領域としては、"**生物医药**"（バイオ医薬）・"**生物农业**"（バイオ農業）・"**生物能**"（バイオエネルギー）・"**生物制造**"（バイオ製造）・"**生物环保**"（バイオ環境保護）産業などが挙げられます。

　中国政府は、2020年には中国の生命科学産業規模が5～6兆元（GDPの8～10%）になると試算、バイオ技術による種子産業および医薬品産業の育成を最優先課題とし、"**跨国种子企业**"（多国籍種子企業）に対抗、遺伝子組み換えにも積極的に取り組んでいます。また、各地にバイオ医薬産業パークを建設、独自特許の取得にも全力を挙げています。

練習問題

一　適当な言葉を A～F より選び、（　）の中に記入しなさい。

> A 医疗　B 保健　C 防治　D 诊断　E 药物　F 转基因

1. 锻炼身体是最佳的（　　）疾病方法。
2. 据医护人员称，经（　　）该男子患有高血压，在走路过程中突发病症所以晕倒在地，幸亏民警及时赶到救助，不然后果不堪设想。
3. 全球（　　）作物累计种植面积已达到10亿公顷，相当于我国耕地面积的8倍，（　　）技术已成为近年来世界农业增产的重要手段。
4. 医院应加强对医生的技术培训，养成以病人安全为重的工作原则，才能减低（　　）事故风险。
5. 大枣历来是益气、养血、安神的（　　）佳品，对高血压、心血管疾病、失眠、贫血等病人都很有益。
6. 老年人在服用某些（　　）时一定要慎重。

二　組み合わせが適切となるよう左右の言葉を線で結びなさい。

1. 诊断　　　A. 病虫害
2. 研发　　　B. 土地生产力
3. 防治　　　C. 化学新药
4. 解决　　　D. 早期疾病
5. 处于　　　E. 尴尬境地
6. 保持　　　F. 技术问题

●●研究テーマ例

1. 中国におけるバイオ農業への取り組み
2. 中国におけるバイオ医薬への取り組み
3. 中国におけるバイオマスエネルギーへの取り組み
4. 医闹：指受雇于医疗纠纷的患者方，与患者家属一起，采取在医院设灵堂、打砸财物、设置障碍阻挡患者就医，或者殴打医务人员，以严重妨碍医疗秩序、扩大事态、给医院造成负面影响的形式给医院施加压力，从中牟利，并以此作为谋生的手段的人。

文章の日本語訳問題

　　狼吞虎咽式的吃饭方式，容易导致体内积食，肠胃负担加重，减缓肠道蠕动速度。长此以往，容易因消化不良而导致各种肠道疾病的发生。如果慢慢吃的话，能够让食物更好的被消化和吸收，而不至于停留在肠道中造成堵塞。吃饭慢能够有效减少食物的摄入量，避免过量饮食导致肠道疾病出现。人只有在饥饿的时候才会进食，而这时恰好是食欲最旺盛的时期，为了防止饮食过量造成肠胃负担，慢慢吃饭是最好的方法，因为大脑神经接收饱腹感信号通常需要约15-20分钟的时间。吃饭快的人往往不会在意食物的美味与否，认为只要能填饱肚子就行了。相反，吃饭慢的人懂得精挑细选，选择一些营养价值高的食物来作为自己餐桌上的美味，既享受了食物的美味和乐趣，又不失营养和健康，一举两得，何乐而不为之。

　　　　　　　　　　　　　　　　　　　　　　　　　　（来源：中医中药网）

1. 积食：中医的一个病证，指小儿乳食过量，损伤脾胃，使乳食停滞于中焦所形成的胃肠疾患。积食多发于婴幼儿，表现为腹部胀满、大便干燥或酸臭、矢气臭秽、嗳气酸腐、肚腹胀热。食积会造成营养不良，影响生长发育。
2. 何乐而不为之：这是一个古代汉语的句子，意思是"为什么不开开心心地这样做呢？"

☞ **お役立ち情報サイト**

中医中药网 http：//www.zhong-yao.net/
中华中医网 http：//www.zhzyw.org/
医药网 http：//www.pharmnet.com.cn/
国际食品药品监督管理局 http：//www.sda.gov.cn/
医疗保健网 http：//www.ylbj.com/
医疗商务网 http：//www.ylsw.net/
三九健康网 http：//www.39.net/

練習問題の解答

練習一　1. C　2. D　3. F　4. A　5. B　6. E
練習二　1. D　2. C　3. A　4. F　5. E　6. B

第21課　ハイエンド機械設備製造業

概要

　　戦略的新興産業の中の柱の１つに位置づけられているハイエンド機械設備製造業は、技術集約的で付加価値が高く成長余地が大きいが、現在その多くは輸入に頼っていると言われており、NCを搭載した工作機械・海洋資源開発設備・高速列車・都市軌道交通・宇宙、航空分野などに重点をおいて発展させる計画だ。

1　（重点分野）重点发展大型先进运输装备及系统、海洋工程装备、高端智能制造与基础制造装备等。研发高速列车谱系化和智能化、绿色产品设计、机器人模块化单元产品等重大关键技术，提升我国制造业的国际竞争力。

　　谱系化：系統化
　　智能化：インテリジェント化、知能化
　　模块化：モジュール化

2　（高速鉄道車両）重点发展高速列车的智能化、谱系化与节能核心关键技术，提升高速列车技术装备、基础设施服役状态检测监测关键技术及高速铁路减振降噪技术，形成我国高速列车智能化安全技术装备和车型系列，构建技术装备及基础设施服役状态检测技术和装备体系。

　　服役状态：現役で稼働している状態
　　降噪：騒音を減らす

3　（グリーン産業）重点发展先进绿色制造技术与产品，突破制造业绿色产品设计、环保材料、节能环保工艺、绿色回收处理等关键技术。

4　（サービス提供用ロボット）开展服务机器人模块化体系结构研究，重点发展服务机器人机构、感知、控制、交互和安全等模块化核心技术和功能部件。

　　交互：インタラクティブ、双方向的な情報伝達の仕組み

5　（海上油田開発用設備）发展海洋油气勘探开发、深海运载作业和海洋环境监测关键技术与装备，重点开发高精度勘探系统、深水平台、水下生产系统及辅助作业等重大装备，研制一批载人／非载人深海潜水器作业系统，开发海洋环境远程探测雷达、船载大深度拖曳、深海浮／潜标等海洋监测设备。

日本語訳例

1 大型の先進的輸送設備およびシステム・海洋工事設備・ハイエンドインテリジェント製造設備と基礎的製造設備などを重点的に発展させる。高速列車の系統化とインテリジェント化・グリーン製品の設計・ロボットのモジュール化されたユニット製品などの重要な基幹技術を研究開発し、我が国の製造業の国際競争力を高める。

▶ "重点発展～"で始まる政策・計画の文です。

2 高速列車のインテリジェント化・系統化・省エネの核心的基幹技術を重点的に発展させ、高速列車の技術装置・インフラの稼働状態を検査測定しモニタリングする基幹技術および高速鉄道の免振と騒音抑制技術をレベルアップし、我が国の高速列車のインテリジェント化された安全技術装置と車種シリーズをつくり上げ、技術装置およびインフラの稼働状態を検査測定する技術と設備システムを構築する。

3 先進的グリーン製造技術と製品を重点的に発展させ、製造業のグリーン製品設計・環境にやさしい材料・省エネで環境にやさしい生産技術・グリーンリサイクル処理などの基幹技術をブレイクスルーする。

4 サービスロボットのモジュール化体系の構成研究を展開し、サービスロボットのメカニズム、センサー感知、コントロール、インタラクティブとセキュリティなどのモジュール化の核心技術と機能部品を重点的に発展させる。

5 海洋における原油・ガスの探査・開発、深海での運搬・積載作業と海洋の環境モニタリングの基幹技術と装置を発展させ、高精度の探査システム・深海におけるプラットフォーム・水面下での生産システムおよび補助作業等の重要設備を重点的に開発する。有人／無人深海潜水機作業システムを研究開発し、海洋環境をリモートコントロールで観測するレーダー・船載型深海用曳航装置・深海用浮遊ブイ／潜水ブイ等の海洋モニタリング設備を開発する。

上海トランスラピッド（リニアモーターカー）

訳してみよう

1 天津先进制造业产业区，位于滨海新区"高新技术产业发展轴"中段，是新区目前建设较为完善的重要产业功能区。总规划面积185平方公里。

> 滨海新区：2006年に国家クラスの経済新区と認められ、開発が加速。輸出加工区、ハイテクパーク等の他にバイオ医薬イノベーションパークやエコシティ建設なども進んでいる

2 由于高铁车轮为易耗品，平均寿命仅2.5年。随着我国高铁项目的陆续上马，高铁车轮的国产化，将是国内企业持续追逐的梦想。

> 易耗品：消耗品、消耗しやすいモノ

3 建设银行承诺：今后凡是致力于绿色发展的企业和研发绿色技术、绿色产品、节能项目，建设银行都会给予相应的绿色信贷。

> 绿色信贷：グリーン貸付、借り手の省エネ状況・資源リサイクル利用状況・排出量などを数値化し、貸付審査に取り入れ、省エネ・エコに取組む企業にローンを提供する

4 智能服务机器人被列为大力发展的四大先进制造技术之一，预期在教育和娱乐、先进制造、服务业等领域有广泛的应用前景。

> 智能：知能的、インテリジェントな、スマートな
> 应用：使用する、応用する、アプリケーション

5 从塘沽区政府获悉，总投资220亿元的海上油田开采装备制造基地即将在塘沽海洋高新技术开发区内启动建设。

> 装备：（大型の）機械・設備、（軍の）装備

関連語句

数控车床	NC 旋盤
资本货物制造业	資本財製造業
骨干企业	中核企業
升级换代	（製品の）高度化とモデルチェンジ
技术含量	技術的内容
高精尖产品	ハイレベルで精密で先端的な製品
航天站	宇宙ステーション
航天飞机	スペースシャトル（"太空梭"も同じ）
火箭发动机	ロケットエンジン
人造卫星	人工衛星
气象卫星	気象衛星

コラム

　"高端装备制造"（ハイエンド機械設備製造業）、すなわちハイテク装置産業には、「概要」にあるように5つの主要な分野があります。

　そのうち、宇宙・航空関係では、まず、"北斗微型导航系统"（北斗衛星測位システム）に代表されるような衛星関係ビジネスが挙げられます。気象・国土資源・海洋・位置情報などさまざまな観測システム、さらに最近多発する地盤災害に関する監視システムが含まれます。

　もう1つが航空関連ビジネス。政府は2015年までの5年間で1兆5000億元を投資し、航空機も2400機拡充して5000機体制にする計画で、大型航空機の開発にも力を入れています。また"私人飞机"（プライベートジェット）産業の育成も視野に入っており、2030年には欧米並みの6000億ドル市場になる、との声もあります。

　"高铁"（高速鉄道）の建設は、安全性が重視されるようになって、計画の修正が行われていますが、2020年までに1万6000キロメートル以上という長期整備計画に大幅な変更はないと思われます。

練習問題

一 適当な言葉をA～Fより選び、（　）の中に記入しなさい。

> A 智能化　B 突破　C 装备　D 部件　E 构建　F 制造

1. 许多中国（　　）的高端产品，包括iPad、名牌包等，在美国的售价都低于中国。
2. 通过电脑对路灯实施远程管理，能随时将灯具的运行情况和异常状况及时告知相关维护人员，实现路灯管理（　　）。
3. 当这些（　　）被装配到各种车辆上后，车的性能就与这些（　　）产生了密不可分的联系。
4. 中国已成为全球第二大奢侈品消费市场，贵州茅台等白酒或引领国内品牌实现国际品牌零的（　　）。
5. 近年来，华英集团在不断发展壮大的同时，努力（　　）灿烂的企业文化。
6. 在北约多年支持下，伊拉克警察兵器（　　）基本实现制式化，武器种类也较齐全。

二 組み合わせが適切となるよう左右の言葉を線で結びなさい。

1. 重大关键　　　A. 部件
2. 国际　　　　　B. 勘探开发
3. 功能　　　　　C. 措施
4. 油气　　　　　D. 竞争力
5. 远程探测　　　E. 技术
6. 减振降噪　　　F. 雷达

●●研究テーマ例

1. 中国における衛星応用システム開発の現状と未来
2. 中国の精密工作機械業界の発展について
3. 中国の高速鉄道技術開発の成果と問題点
4. 铁老大：中国铁道部不同于一般的国家部委，它在各级地方政府中没有相应的铁道厅、局等，铁道部实行的是独立性很大的垂直管理，下设铁路局，单独拥有自己的公安局、检察院和法院，还有自己的医院、学校和企业。所以被戏称为"铁老大"。

文章の日本語訳問題

　　中国北车是我国轨道交通装备制造业领军企业，主要从事铁路机车车辆、城道车辆等产品的制造、修理等业务，主要产品包括铁路机车、客车、动车组、货车、地铁等。目前公司与中国南车是行业内的双寡头，两公司总体实力相当，国内市场占有率总和超过95%。

　　中国北车股份有限公司是经国务院同意，国务院国资委批准，于2008年6月26日共同发起设立的股份有限公司。目前公司注册资本83亿元。总部设在北京。中国北车汇集了一大批机车车辆专业及其它学科技术人才，技术开发实力雄厚，取得了一大批国家级重大科研成果。在首批"十一五"国家科技支撑计划重点项目立项中，承担了轨道交通运输装备所有自主研发项目。

（来源：百度百科）

1. 中国南车：英文简称CSR，是经国务院国有资产监督管理委员会批准，由中国南车集团公司联合北京铁工经贸公司共同发起设立，设立时总股本70亿股。该公司成立于2007年12月28日。2008年8月实现A+H股上市。截至2009年底有16家全资及控股子公司，分布在中国10个省市，员工8万余人。

2. 十一五：中国国民经济和社会发展第十一个五年规划，时间是2006–2010年。"五年计划"是中国国民经济计划的一部分，主要是对全国重大建设项目、生产力分布和国民经济重要比例关系等作出规划，为国民经济发展远景规定目标和方向。中国除了1949年到1952年底为国民经济恢复时期和1963年至1965年为国民经济调整时期外，从1953年第一个五年计划开始，已经编制了十一个"五年计划"。

☞ お役立ち情報サイト

中国工程机械工业协会 http：//www.cncma.org/
中国通用机械工业协会 http：//www.cgmia.org.cn/
中国机械制造网 http：//www.0086machine.com/
中国重机网 http：//www.heavy-m.com/
中国北车股份有限公司 http：//www.chinacnr.com/p36.aspx

練習問題の解答

練習一　1. F　2. A　3. D　4. B　5. E　6. C
練習二　1. C　2. D　3. A　4. B　5. F　6. E

第22課　自動車　オートバイ

> **概要**
>
> 中国の自動車市場は、長年にわたり世界一の座についていた米国市場を凌駕するまでに成長しているが、国内で生産される乗用車の多くは海外の自動車メーカーのブランド名が使われていることから国産自主ブランド車の開発が叫ばれている。また、環境対策も大きな課題となっていることから戦略的に電気自動車産業を育成支援しようとの動きが顕著になっている。

1 （自主ブランド車）在中国汽车业蓬勃发展的关键时期，人们重新审视"自主品牌"这个问题，无疑将对今后我国汽车工业的发展方向产生重要影响。
　　自主品牌：自主ブランド、自社で開発し育て上げるブランド

2 （リコール）本次召回范围内的车辆，如果在类似车轮陷在雪地或泥泞里打滑的恶劣环境下，为前后挪动车辆而在Ｄ挡、Ｒ挡之间进行反复快速切换操作后，当发动机处于高转速状态时再从Ｎ挡挂入Ｒ挡，可能会使自动变速箱内的轴承受到过大的荷载冲击而受损，产生异响。
　　挡：ギアポジション　　　　異响：異常な音や雑音

3 （ハイブリッド車）短期内应以油电混合动力汽车、插电式的混合动力汽车为过渡阶段，中长期过渡到充电式的纯电动汽车，目前纯电动汽车盘子很小，光靠它根本占领不了市场。
　　插电式：プラグイン式　　盘子：（全体の）規模、（全体の）計画、相場

4 （電気自動車用電池）锂离子电池是当今国际公认的理想化学能源，与其他电池相比，锂离子电池具有能量密度高、循环寿命长、自放电率小、无记忆效应和绿色环保等突出优势，已成为电动汽车动力电池的首选。
　　自放电：自然放電　　　記忆效应：メモリー効果、メモリー現象。二次電池に見られる現象

5 （電動自転車）近年来，电动自行车以其经济、便捷等特点，成为群众出行的重要交通工具，电动自行车产业快速发展，保有量迅猛增长。但是，电动自行车不按规定生产、销售问题严重，大量"超标"电动自行车上路行驶，道路交通安全隐患突出。

日本語訳例

1 中国の自動車産業が盛んに発展する大事な時期に、人々は改めて「自主ブランド」という問題をつぶさに見ており、今後我が国の自動車工業の発展の方向に対し大きな影響をもたらすことは疑いない。

2 今回リコール対象の車両は、もしもそういった車輪が雪やぬかるみに陥り空回りするような劣悪な環境下で、車両を前後に動かすためにDレンジ・Rレンジの間で速い切り替え操作を繰り返し行った後、エンジンが高い回転速度の状態のときに再びNレンジからRレンジに入れると、たぶん自動変速装置の中の軸受けが過大な荷重衝撃を受けて損傷し、異常音を発するだろう。

3 短期においてはエンジンとモーターのハイブリッド車・プラグインハイブリッド車が過渡的段階となり、中長期的には充電式の純電気自動車に移行するにちがいないが、現在、純電気自動車の規模は小さく、これだけに頼っていてはマーケットを押さえることなど全くできない。

4 リチウムイオン電池は目下のところ国際的に認められた理想の化学エネルギーで、そのほかの電池と比較すると、リチウムイオン電池はエネルギー密度が高い・サイクル寿命が長い・自然放電率が小さい・メモリー効果がない・環境にやさしい等の際立つ優位性を有しており、すでに電気自動車の動力用電池の中で一番良いものとなっている。

5 ここ数年来、電動自転車はその経済性・利便性などの特徴で庶民が出かける際の重要な交通手段となっており、電動自転車産業は急速に発展し、保有台数がすさまじい勢いで伸びている。しかし、電動自転車は規定を無視して生産・販売する問題が深刻で、「基準超過」した大量の電動自転車が道路で運転されており、道路交通安全上の潜在的な問題が際立っている。

新車が並ぶ都市部の駐車場

訳してみよう

1 一些汽车厂商表示，随着汽车购置优惠政策的退出，**汽车限行**城市数量的增加，合资品牌下压等因素的影响，自主品牌**车企**将会面临新的挑战。

  汽车限行：自動車の進入制限や通行制限をする
  车企：自動車製造企業

2 召回的主要原因是由于这些车辆的真空推动杆的螺母没有拧紧，螺母松动将导致推杆与刹车踏板脱离，从而使车辆无法制动。

  真空推动杆：真空式プッシュロッド
  刹车踏板：ブレーキペダル

3 电动汽车有三类：仅以车载蓄电池为动力源的纯电动汽车，以多个车载动力源提供动力的混合动力电动汽车和以燃料电池为动力的燃料电池汽车。

4 虽然在购车时能享受较大的国家补贴，但更换电池的巨大代价往往让消费者难以接受，因为一块电池的价格往往占到售价的百分之四十之多。

5 质监部门表示，不合格的7批次电动自行车产品质量问题主要存在于最高车速、制动性能、整车质量、脚蹬间隙等检测项目上。

  批次：ロット
  整车：一車全部、完成車
  脚蹬：自転車のペダル
  间隙：（ハンドルなどの）遊び

関連語句

贴牌生产	相手先ブランド生産、OEM 生産
微型汽车	軽自動車
以旧换新	古い製品を新しい製品に買い替える、という政策のスローガン。政府補助がある
4S 店	自動車のディーラー店、销售（Sales）、零配件（Spare part）、售后服务（Service）、信息反馈（Survey）の 4 つの S
购置税	購入税
二手车	中古車
风窗・前窗	フロントガラス
刮水器	ワイパー
安全气囊	エアバッグ
导航仪	カーナビ
脚垫	自動車の運転席の足元に敷くフロアマット
踩油门踏板	アクセルペダルを踏む

コラム

　2015 年に乗用車市場シェア 50％を目標とした中国"**自主品牌**"（自主ブランド）車が、販売数増加に執着し、技術力アップやサービス向上を疎かにした影響で不振に。国内"**三四級市場**"（3・4 ランク市場）シェア 80％を占めたものの、補助政策の終了や、外資系の自主ブランド車攻勢と小型車への進出に遭い、さらに低価格帯市場の伸び悩みにも直撃されました。一方、外資系高価格帯車種は 2011 年上半期、前年比で"**宝马**"（BMW）60.8％増、"**奔驰**"（ベンツ）59％増、"**沃尔沃**"（ボルボ）36％増、"**奥迪**"（アウディ）28％増といった具合です。

　政府は、新エネルギー車ではすでに 2000 年、〈**863 计划**〉に"**混合动力车**"（ハイブリッド車）・"**纯电动汽车**"（純電気自動車）・"**燃料电池汽车**"（燃料電池自動車）の開発を盛り込み、2009 年には〈"**十城千辆**"プロジェクト〉をスタートさせましたが、2010年 6 月の〈新エネルギー車個人購入補助試行に関する通知〉後 1 年間の販売台数はわずか 100 台。メーカー側も「まず、ハイブリッド車に全力を」と様子眺めの状態です。

練習問題

一　適当な言葉を A～F より選び、（　）の中に記入しなさい。

> A 自主品牌　B 召回　C 优势　D 首选　E 便捷　F 隐患

1. 通过客户关系管理机制，一汽轿车保持与客户的良性互动关系，是一汽轿车扩大竞争（　　　）的重要保证。
2. 银行卡的磁条本身具备的低技术含量，成为信用卡安全的（　　　）之一。
3. 工商部门已要求全市超市卖场停止销售并销毁问题产品，对于已经售出的问题产品，生产企业正组织（　　　）。
4. 伴随着轨道交通的建设，同时也给沿线的房子带来的巨大的升值空间，因为（　　　）的交通能给生活带来更多的方便。
5. 理财专家表示，在当前债市反弹、股市筑底的背景下，投资者不妨将保本基金作为跨年布局的投资（　　　）。
6. 海信集团自 1995 年进入南非市场来，一直坚决执行本地化战略，做品牌营销，目前已在南非、埃及、阿尔及利亚和乌干达建厂，所生产的（　　　）的电视、冰箱、空调等产品已在所在国市场处于领先位置。

二　組み合わせが適切となるよう左右の言葉を線で結びなさい。

1. 蓬勃　　　A. 影响
2. 重新　　　B. 环境
3. 重要　　　C. 发展
4. 恶劣　　　D. 能源
5. 化学　　　E. 增长
6. 迅猛　　　F. 审视

●●研究テーマ例

1. 中国自動車市場の地域構造分析
2. 中国自動車市場の商品構造分析
3. 中国中古車市場の発展と問題点
4. 裸奔车：指那些只投保国家强制的交强险，而不投保其他商业车险的车辆

文章の日本語訳問題

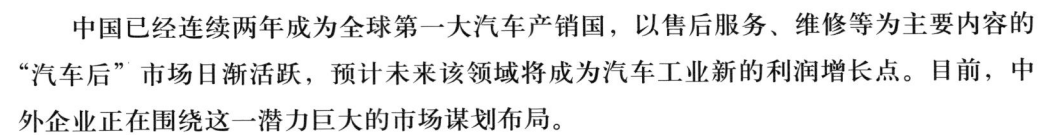

　　中国已经连续两年成为全球第一大汽车产销国，以售后服务、维修等为主要内容的"汽车后"市场日渐活跃，预计未来该领域将成为汽车工业新的利润增长点。目前，中外企业正在围绕这一潜力巨大的市场谋划布局。

　　记者从日前在沈阳举办的汽车工业发展新趋势研讨会上获悉，按照世界汽车工业发展规律，售后服务利润将占到整车销售利润的 3 倍左右，潜力巨大。数据显示，自 2001 年加入世界贸易组织（WTO）以来，中国汽车工业发展迅猛，汽车产量从 2000 年的 200 万辆增加至 2010 年的 1800 万辆，进入了汽车制造业大国行列，"汽车后"市场也应运而生。

　　"汽车后"市场是指汽车售出之后的维修、保养、服务以及所需的汽车零配件、汽车用品和汽车材料的市场。2005 年中国"汽车后"市场的营业额为 880 亿元，到 2009 年增加到 2400 亿元，预计到 2012 年左右增至 4900 亿元，**年复合增长率**为 26.9%。

（来源：新华网 2011 年 11 月 24 日）

- 年复合增长率：是一项投资在特定时期内的年度增长率。计算方法为总增长率百分比的 n 方根，n 相等于有关时期内的年数。公式为：

$$CAGR = \left(\frac{现有价值}{基础价值}\right)^{\frac{1}{年数}} - 1$$

复合增长率的英文缩写为：CAGR（Compound Annual Growth Rate）。

👉 お役立ち情報サイト

中国汽车工业协会 http：//www.caam.org.cn/
上海汽车报 http：//www.shautonews.com/autonews/index.jsp
太平洋汽车网 http：//www.pcauto.com.cn/
新浪网汽车频道 http：//auto.sina.com.cn/
汽车中国 http：//carschina.com/
腾讯网汽车频道 http：//auto.qq.com/

練習問題の解答

練習一　1. C　2. F　3. B　4. E　5. D　6. A
練習二　1. C　2. F　3. A　4. B　5. D　6. E

第23課 エネルギー産業

概要

中国の原油生産量は世界でも5番目に入るほどであるが、1993年に原油の純輸入国に転じてから年々対外依存度が上昇してきている。そのため石油備蓄の整備を行ったり海外での資源確保を積極的に行っている。一方、中国国内のエネルギー源の60％余りはいまだに石炭が占め、国産の石炭を中心に使っているが、炭鉱事故の発生に歯止めがかかっていない。

1 （石油の対外依存度）2010年，包括原油、成品油、液化石油气（LPG）和其他石油产品在内的中国石油净进口量跃升16.2%，达到创纪录的25,367万吨，石油进口依存度约为60%，其中原油净进口量为23,627万吨，占石油总净进口量的比例由上年的91%升至93%。

　　成品油：石油製品、狭義では"油品"に近く、広義では製品全般　　跃升：急上昇する、急増する

2 （石油備蓄）业内专家强调，由于我国石油储备体系建设刚刚起步，使得我们在面临国内外市场供需失衡、市场供给不足而频频出现的大面积"油荒"时，难以短时间内保障油品供应，稳定油品市场秩序。

　　油品：ガソリン・軽油・重油・灯油・潤滑油などを指す

3 （石油会社）本公司的经营涵盖了石油石化行业的各个关键环节，从上游的原油天然气勘探生产到中下游的炼油、化工、管道输送及销售，形成了优化高效、一体化经营的完整业务链，极大地提高了本公司的经营效率，降低了成本，增强了公司的核心竞争力和整体抗风险能力。

　　上游：川上、上工程

4 （シェールガスの開発）"十二五"是夯实页岩气产业发展基础的关键时期，重在为实现页岩气"十三五"跨越式发展提供支撑，为此要做好以下工作：一是扎实做好资源评价工作，摸清我国页岩气资源家底。二是加大科研攻关力度，形成适合我国地质条件的页岩气勘探开发技术。

　　家底：蓄え、埋蔵量

5 （炭鉱事故）22日凌晨2时多，山西焦煤集团西山煤电屯兰煤矿发生瓦斯爆炸事故，据初步统计，井下被困96人，目前已造成11人遇难。屯兰矿年产煤500万吨，是高瓦斯矿井。

日本語訳例

1. 2010年、原油・石油製品・液化天然ガス（LPG）とその他の石油製品を含む中国の石油の純輸入量は16.2％急増し、記録を塗り替える2億5367万トンに達した。石油の輸入依存度は約60％で、そのうち原油の純輸入量は2億3627万トンあり、石油の純輸入総量に占める比率は1年前の91％から93％に上昇した。

2. 我が国の石油備蓄システムの建設は始まったばかりのため、国内外の市場が需給のバランスを失い、市場への供給が不足することで次々と現れる広範囲の「石油不足」に直面したときに、短時間で石油製品の供給を保証し市場秩序を安定させるのは難しい、と業界の専門家は強調する。
   ▶ "難以"は文末の"市場秩序"までかかっています。

3. 当社の経営は石油石化業種のそれぞれの重要部分をカバーし、川上の原油天然ガス探査・生産から川中、川下の製油・化学工業・パイプライン輸送および販売まで、最適化高効率・一体化経営といった完璧なサプライチェーンを形成しており、当社の経営効率を極限まで高め、コストを下げ、会社の核心的競争力と全体のリスク対応能力を強化している。

4. 「第12次五カ年計画」はシェールガス産業の発展の基礎を固める大切な時期で、その重点はシェールガスの「第13次五カ年計画」における飛躍的発展実現のためにサポートを提供することにあり、このために以下の作業をきちんとやらねばならない。1つ目は、資源の評価作業を着実に行い、シェールガス資源の埋蔵量をはっきりさせる。2つ目は、科学研究上の課題克服に力を入れ、我が国の地質条件に合った探査・開発技術をつくり上げる。

5. 22日の明け方2時過ぎ、山西焦煤集団西山煤電社の屯蘭炭鉱においてガス爆発事故が起きた。大まかな集計によると、坑内に閉じ込められている人は96人、現在までに11人が死亡している。屯蘭炭鉱の石炭生産量は500万トンで、ガスの多い縦坑である。

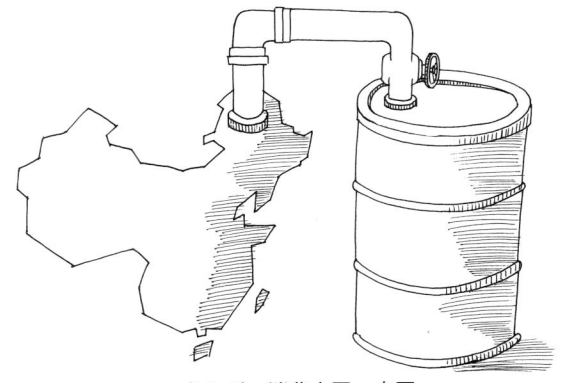

エネルギー消費大国、中国

訳してみよう

1 我国一半以上的原油是从国际市场上进口的，去年我国汽车销量达到1800多万辆，这个刚性增长很厉害，以后石油的对外依存度还会增加。

　　刚性：画一的な、融通のきかない

2 有中国石化联合会相关人士称，截至目前，我国建成的储备基地已可满足36天的战略储备需求。

　　相关人士：関係者

3 例如中石油集团、中石化集团和中国海洋石油总公司在海外成功投资、并购了多个油气田项目，获得了大量权益原油和权益天然气产品。

4 页岩气资源开发需要大量技术、资金和人才投入，对技术的要求很高。而中国页岩气开发还处于刚刚起步的探索阶段，缺乏关键核心技术。

　　核心技术：中核技術、コアテクノロジー

5 企业应切实加强下井矿工的培训工作，让农民工真正增强安全意识，掌握安全技能，切勿图形式，走过场，培训合格后才能让他们上岗下井。

　　下井：坑道に入る、油井に掘削パイプなどを下す
　　图形式：形式に走る
　　走过场：取り繕う、お茶をにごす

関連語句

煤化工	石炭化学工業
小煤矿	小規模炭鉱
淘汰落后产能	時代遅れの生産能力・生産設備を廃棄する
国际油价	国際原油価格
小微企业	小規模で収益力のない企業。"小型微利企業"の略
钻井机	リグ、油井掘削機
钻井平台	海底ボーリング用プラットフォーム
钻杆	(石油掘削用の) ドリルパイプ
抽油机	石油汲み上げ機
钻井船	掘削船

コラム

　中国の一次エネルギー、すなわち自然エネルギー・化石燃料・"**铀**"(ウラン)・"**管道煤気**"(都市ガス)・"**汽油**"(ガソリン)・電気などの消費量はすでに2003年に世界一になり、2010年には世界全体の20%を突破しました。石炭に限れば、生産量も消費量も世界の40%以上を占めています。同年末の統計では、"**可采储量**"(可採埋蔵量)は石油が世界全体の1.1%、天然ガスが1.5%なのに対し、石炭は13.3%に上ります。

　今、問題になっているのは過去、石炭不足を補完した零細な"**煤矿**"(炭鉱)による環境・安全問題。中国では発電量の80%以上が火力発電で、一次エネルギーの69%を石炭に頼っており、低い選炭率のまま燃焼することで"**酸雨**"(酸性雨)の出現、"**二氧化碳**"(CO_2)の排出増など公害の主因ともなり、その結果、"**生物气**"(バイオガス)や"**煤制合成气**"(石炭合成ガス)への取り組みを活発化させることが至上命題となっています。2010年1月、〈国家エネルギー委員会〉が設置されましたが、既出の再生エネルギーも含め、今後の取り組みが注目されます。

練習問題

一 適当な言葉をA～Fより選び、（　）の中に記入しなさい。

> A 失衡　B 风险　C 家底　D 保障　E 事故　F 秩序

1. Fatih Birol 表示，目前油价是经济增长的"主要（　　）"，对亚洲地区也是这样。
2. 社会资源过度集中的大城市容纳能力毕竟有限，而人才需求量大的中小城市却资源相对匮乏，资源分布（　　）必然导致机遇不平衡，人才不能留在最需要的地方。
3. 李纪恒在全省专题工作会议上要求坚决遏制安全事故发生，全力抓好煤电油运（　　）。
4. 杭州市近日开始在城区开展为期100天的交通（　　）综合整治行动，切实做好城区交通安全工作。
5. 2010年5月英国BP公司的墨西哥湾漏油（　　）造成美国有史以来最大的环境灾难。
6. 通过调查，甘肃早期长城资源"（　　）"基本摸清，确认8市23个县（市、区）分布有早期长城资源，其中新发现早期长城资源400余处。

二 組み合わせが適切となるよう左右の言葉を線で結びなさい。

1. 供需　　A. 供应
2. 供给　　B. 爆炸
3. 稳定　　C. 失衡
4. 保障　　D. 家底
5. 摸清　　E. 秩序
6. 瓦斯　　F. 不足

●●研究テーマ例

1. 中国の石炭の需要と供給、有効利用について
2. 中国の石油確保と石油各社の取り組み
3. 中国の天然ガス確保と天然ガス利用の拡大
4. 矿难：指在采矿过程中发生的事故，通常造成伤亡的危险性极大，世界上每年至少有几千人死于矿难。

文章の日本語訳問題

　　昨天，中国政府网公布，新修改后的《中华人民共和国资源税暂行条例》2011年11月1日起施行。据修改后的条例，原油和天然气将在全国范围内按销售额的5%-10%征收资源税。

　　此举意味着，资源税从量计征变为从价计征、从新疆试点向全国推广终成真。对此，厦门大学中国能源研究中心主任林伯强表示，这必然对中石油、中石化等油气巨头产生较大影响，他们有向消费者转嫁压力的动力，转嫁途径无疑是涨价汽柴油，但能否转嫁，转嫁多少，有待后观，好在现在汽柴油最高零售价还是政府定价。中国政府网显示，《国务院关于修改〈中华人民共和国资源税暂行条例〉的决定》已经于2011年9月21日经国务院第173次常务会议通过，自2011年11月1日起施行。

　　　　　　　　　　　　　　　　　　（来源：《京华时报》2011年10月11日）

1. 从量计征：是指以征税对象的重量、件数、容量、面积等为计税依据，按照固定税额标准计征的税收。如中国现行税制中的资源税、车船使用税、城镇土地使用税、船舶吨税等税种，都属于从量税。
2. 从价计征：即以课税对象的自然数量与单位价格的乘积为计税依据，按这种方法计征的税种称从价税。如中国产品税的计税依据为产品销售收入，即产品的销售数量与单位销售价格的乘积。

☞ お役立ち情報サイト

中国石油和化学工业联合会 http：//www.cpcia.org.cn/
中国油气网 http：//www.sinooilgas.com/
石油网 http：//oil.chem99.com/
中国石油天然气公司网站 http：//www.cnpc.com.cn/cn/
煤矿安全网 http：//www.mkaq.org/Index.shtml
中国西南煤炭市场网 http：//www.gzmt120.com/
中国煤炭资源网 http：//www.sxcoal.com/

練習問題の解答

練習一　1. B　2. A　3. D　4. F　5. E　6. C
練習二　1. C　2. F　3. E　4. A　5. D　6. B

第23課　エネルギー産業

第24課　鉄鋼　非鉄金属

> **概要**
>
> 国内の公共事業の拡大・自動車や家電製品などの生産拡大等、需要分野が大きく伸長したこともあり、中国鉄鋼の生産量は世界の40%余りを占めるまでに成長したが、中小メーカーの統廃合を含む業界再編や旧式設備の廃棄問題等の課題がある。非鉄では、金の生産量が世界一になったことや国が戦略的に取り組んでいるレアメタルに注目が集まっている。

1 （鉄鋼生産量）2010年，中国钢铁产量再创历史记录，首次突破6亿吨大关。2010年国产钢材的国内市场占有率不断提高，汽车用钢、管线钢、硅钢、船板、钢轨等关键钢材产品产量大幅度提高，22大类钢材品种中有18类钢材国内市场占有率达到95%以上，时速350公里的高速钢轨全部实现国产化。

　　管线钢：天然ガスパイプラインに使われるパイプ用の鋼板
　　硅钢：硅素（シリコンのこと）鋼板、電磁鋼板とも。変圧器や発電機の鉄芯に使われる鋼板

2 （産業政策）"十二五"钢铁工业的重点领域主要包括加快产品升级、深入推进节能减排、强化技术创新和技术改造、淘汰落后生产能力、优化产业布局、增强资源保障能力、加快兼并重组、加强钢铁产业链延伸和协同、进一步提高国际化水平等九个方面。

3 （産業集中度）产业集中度低是我国钢铁行业的老大难问题。由于产业集中度过低，大量不符合环保和技术要求的小钢厂四处丛生，既给环境造成了巨大威胁，又扰乱了钢材市场秩序，还使我国钢铁企业在进行铁矿石谈判时难以做到齐心协力、一致对外。

　　小钢厂：小規模の製鉄所・製鋼所

4 （レアメタル）近期稀有金属价格依然疲软，虽然临近旺季，但市场对采购仍较为谨慎。随着我国经济转型的加速，对与新兴产业相关且我国具有资源优势的铟、钨和锗等稀有金属未来前景更有信心。

　　稀有金属：レアメタル　cf. 稀土：レアアース

5 （金産出量世界一）我国黄金生产能力的提高，增强国家对抗金融风险的能力，对维护国家经济安全、金融安全具有重要意义。2007年中国黄金产量首次超过南非，至今已连续4年保持全球第一产金大国的地位。

日本語訳例

1 2010 年、中国の鉄鋼生産量は再び記録を塗り替え、初めて 6 億トンの大台を突破した。2010 年、国産鋼材の国内市場シェアは絶えず高まり、自動車用鋼板・パイプライン用鋼板・珪素鋼板・造船用鋼板・レール等の主要鋼材製品の生産量が大幅に増え、22 の鋼材品種のうち、18 品種の鋼材の国内市場シェアが 95％ 以上に達し、時速 350km の高速鉄道用レールの全てが国産化を実現した。

2 「第 12 次五カ年計画」における鉄鋼業の重点分野には、製品の高度化・省エネと排出量削減のさらなる推進・技術革新と技術改造の強化・旧式の生産設備の廃棄・産業配置の適正化・資源確保能力の強化・合併再編の加速・鉄鋼産業チェーンの伸展と協同の強化・国際化のさらなるレベルアップ等 9 つの分野が主に含まれている。
　▶ 9 つの重点分野が並列の関係で挙げられています。

3 産業集中度が低いことは我が国鉄鋼業の長年未解決の大きな問題である。産業集中度が低すぎるため、環境保護や技術要求に合致しない大量の小規模製鉄所が至る所で大量に生まれ、環境に大きな脅威となるうえ、鋼材市場の秩序を乱し、そのうえ我が国の鉄鋼メーカーが鉄鉱石商談をする際に一致協力して対外折衝をすることも難しくしている。
　▶ "由于～" "既 A 又 B 还 C" が含まれています。

4 当面レアメタルの価格は相変わらず軟調である。取引の最盛期が近づいているが、マーケットは買い入れることに対し依然わりと慎重である。我が国の経済の転換が加速するにつれ、新興産業と関連がありかつ我が国が資源優位性を有するインジウム、タングステン、ゲルマニウム等のレアメタルの将来の見通しに対し、より自信を持っている。

5 我が国の金の生産力の向上は、金融リスクに対抗する国の能力を強め、国の経済の安全・金融の安全を守ることに対し重要な意義を持つ。2007 年に中国の金生産量が初めて南アフリカを超え、今に至るまですでに 4 年連続して世界第一の産金大国を維持している。

中国の金の生産量は世界一

訳してみよう

1 日照基地的示范作用，一定程度上体现在其产品的高档次和高附加值。据透露，其主打产品将是高档板材和大口径无缝钢管。

> 日照基地：山東省日照市にある「日照高級鉄鋼製品基地」。元は山東鋼鉄日照社が手掛けたものだが、2012年より山東省が後押しすることとなった
> 档次：ランク、等級
> 主打：主力の、セールスポイントの

2 核一级材料核电蒸发器用690U型管，由宝钢自主研制成功，打破了我国核电关键材料被进口产品长期垄断的局面，被国人喻为"争气产品"。

> 喻为：たとえる、説明する
> 争气产品：（人に負けないよう）頑張ってつくり出した製品

3 冷轧带肋钢筋在国内还有一定的市场需求，一部分技术装备水平先进、生产效率高、能耗低的新型冷轧带肋钢筋生产设备还应予以保留。

> 冷轧：冷間（室温で）圧延する
> 带肋钢筋：異形棒鋼、鉄筋コンクリート用の鋼材のこと。"肋"は、コンクリートとの付着力を高めるための起伏を「あばら」で表している

4 中国每年消费钨金属约为1万吨左右，如果能达到回收40%，其经济效益和资源补充效果就会十分的可观。

5 全球黄金总产量持续下降，中国黄金产业一直保持持续增长势头，部分传统黄金强国产量、加工量不断下滑。

> 下滑：下落する

関連語句

铁矿石	鉄鉱石
焦炭	コークス
高炉炼铁	高炉による製鉄
生铁	銑鉄
转炉炼钢	転炉による製鋼
粗钢	粗鋼
废钢	スクラップ
不锈钢	ステンレス
定价权	価格決定権
话语权	発言権
国家收储机制	国家収蔵メカニズム（価格変動の激しいレアメタルなどの商品の市場価格を調整するため国家財政で収蔵・放出をする）
伦敦金属交易所	LME（London Metal Exchange）。ロンドン金属取引所

コラム

　中国政府が国内地下資源の探査に本腰を入れたのは1999年のこと。
　『国土資源新規大調査』を開始し、1999年と2003年には2基の"**资源勘察卫星**"（資源探査衛星）打ち上げ、その後、7年の歳月をかけて青蔵高原の地質調査を完成させました。
　2006年には『地質工作強化に関する国務院の決定』を通達、その後の調査で鉄・銅・"**铝**"（アルミ）・鉛・"**锌**"（亜鉛）・"**矾土**"（ボーキサイト）などの確認埋蔵量が大幅に増加、その他にも近年、新疆・山西・内蒙古などで推定埋蔵量1500億トン近くの石炭が発見されたのを始め、金・"**钨**"（タングステン）・"**锑**"（アンチモン）・"**稀土**"（レアアース）・"**钾**"（カリウム）・"**磷**"（リン）・"**铀**"（ウラン）などについてはすでに埋蔵量の確認作業を完了、多大な成果を上げています。中国政府は調査結果をベースに第12次五カ年計画の鉱物資源調査計画の見直しを進めていくことにしています。

練習問題

一　適当な言葉をA～Fより選び、（　）の中に記入しなさい。

> A 幅度　B 国产化　C 淘汰　D 老大难　E 旺季　F 疲软

1. 在京沪广深四市中，深圳楼市均价下跌（　　）最大，为21%。
2. 后大街社区以争创全国文明城市为契机，群策群力，集中解决了居民反映最强烈的小区养狗、赌博、衣服晾晒、外来人口管理等（　　）问题。
3. 从十月下旬起，海南三亚便出现了旅游（　　），海南三亚亚龙湾旅游度假的游客蜂拥而至，连日来，景区每天接待中外游客近万人次。
4. 在商用车市场普遍（　　）的环境下，江铃汽车却保持良好的增长势头。
5. 我国高速动车组绝大部分配件已经实现（　　），目前只有车轮、车轴等三种配件还需要进口。
6. 我市将在今年12月底全面完成关停（　　）污染企业计划，"福岭木业"是该计划中首家被关停的企业。

二　組み合わせが適切となるよう左右の言葉を線で結びなさい。

1. 再创　　　A．落后生产能力
2. 突破　　　B．老大难问题
3. 实现　　　C．历史记录
4. 淘汰　　　D．金融风险
5. 解决　　　E．6亿吨大关
6. 对抗　　　F．国产化

●●研究テーマ例

1. 中国の鉄鋼業界再編について
2. 鉄鉱石国際取引価格の決定に対する中国の参入戦略
3. 非鉄金属国内資源探査の進展と成果
4. 力拓門：上海市检察机关以涉嫌侵犯商业秘密罪、非国家工作人员受贿罪，对澳大利亚力拓公司上海办事处胡士泰等4人作出批准逮捕决定，力拓案牵出铁矿石贿赂链，涉及多方利益。

文章の日本語訳問題

　　過去几天金价大幅下挫，经济的基本面没有任何好的变化，欧洲债务危机越演越烈，美国欧洲中国经济出现不同程度的衰退，现价可能很多投资者疑问为什么金价在现价的市况下失去了避风港的作用？投资者需要了解的第一件事情是，黄金以美元定价。这意味着，美元价格上涨黄金的价格就会受到打压，所有的事情都是平等的。美元正在迅速升值，因为它是一个世界最安全的避风港（美国国债是世界最安全流动性最好的资产，而购买美国国债必须使用美元），因为世界各地的风险资产被不计成本的卖出并流向美元，市场上美元的供求关系发生改变，所以美元仍会上涨一段时间。投资者需要了解的第二件事情是，金价最近十年每年的平均回报率为15%，所以说投资者在黄金投资的收益率还是比较丰厚的，在股市和其它大宗商品表现极差的情况下，市场投资者可能变现黄金用以填补在其它投资方向的投资损失。　　　　（来源：汇金网2011年11月25日）

1. 欧洲债务危机：始于希腊的债务危机，2009年12月8日全球三大评级公司下调希腊主权评级。2010年起欧洲其它国家也开始陷入危机，希腊已非危机主角，整个欧盟都受到债务危机困扰。
2. 大宗商品：（Bulk Stock）是指可进入流通领域，但非零售环节，具有商品属性用于工农业生产与消费使用的大批量买卖的物质商品。在金融投资市场，大宗商品指同质化、可交易、被广泛作为工业基础原材料的商品，如原油、有色金属、农产品、铁矿石、煤炭等。包括3个类别，即能源商品、基础原材料和农副产品。

👉 お役立ち情報サイト

中国冶金网 http：//www.mmi.gov.cn/
中国钢铁工业协会 http：//www.chinaisa.org.cn/
中国有色金属工业协会 http：//www.chinania.org.cn/
中国大宗商品电子交易门户网站 http：//www.chinahhce.com/
今日钢铁网 http：//www.todaysteel.com/
鞍山钢铁公司 http：//www.ansteel.com.cn/

練習問題の解答

練習一　1. A　2. D　3. E　4. F　5. B　6. C
練習二　1. C　2. E　3. F　4. A　5. B　6. D

第25課　電力産業

> **概要**
>
> 中国は世界最大の発電国となっているが、その約70％を石炭火力発電に頼っており、原子力発電や風力発電等の構成比を上げる努力がなされている。電力需要の70％強は第二次産業で使われているが、生活水準の向上に伴い民生用・第三次産業の使用比率が高まっている。電力不足に対しては、節電やピークシフトを呼び掛けたりすることでも対応をしている。

1 （产业政策）要按照科学发展观的要求，把保持经济平稳较快发展、保障能源安全同加大结构调整力度有机结合起来，继续采取"上大压小"等有力措施，确保今年再淘汰1000万千瓦小火电机组，以优化电力结构、推进能源节约和污染减排，为促进电力行业健康发展和加快经济发展方式转变做出新的贡献。

  "上大压小"：「大規模発電所を建設・小規模発電所を廃棄」という政策スローガン
  机组：ユニット、1セットの機械設備

2 （三峡ダム）中国长江三峡集团公司董事长曹广晶介绍，三峡电站在2010年发电量达到了843.7亿千瓦时，相当于节约标准煤2894万吨，减排二氧化碳7066万吨，源源不断的清洁电能为国民经济发展注入了强大动力。

  标准煤：標準炭（キロカロリーで表す燃焼時熱量の基準となる石炭）

3 （超高圧送電）根据国家电网和南方电网的规划，未来五年将会陆续建设十二条特高压直流输电线路，总建设长度将达到22,188公里，容量为79,200MW，静态投资总额将达到2,486亿元。

  静态投资总额：基準年における設備費・工具費・工事費・予備費等の投資総額。その後の価格変動や利息支出を含まない

4 （石炭火力）2009年6月北仑电厂三期扩建工程第2台百万千瓦机组正式投入商业运行，脱硫、脱硝装置同步通过试运行。北仑电厂以7台燃煤机组、500万千瓦装机容量、275亿千瓦时年设计发电量一举成为国内最大火力发电厂。

5 （電力使用ピーク時の対応）在供需紧张的用电高峰期间，对工业企业电力用户实施电力错峰、避峰等措施；充分利用经济杠杆对高耗能用户实行高峰时段避峰让电的措施；对公共场所采取调整温度等降低用电负荷的措施。

  错峰："错开高峰时间"のこと、ピークシフト
  经济杠杆：経済のてこ、レバレッジ。社会主義体制の下で、政府が価値規律等を用いて生産や消費等をコントロールすること

日本語訳例

1 科学的発展観の要請にしたがい、経済の安定的で比較的速い成長を維持すること・エネルギーの安全を保障することを、構造調整の度合いを強めることと有機的に結びつけ、「大規模発電所の建設・小規模発電所の廃棄」等の有力な措置を継続して採り、今年さらに1000万キロワット分の小規模発電ユニットの廃棄を確実に行って電力構成を最適化し、エネルギー節約と汚染排出量削減を推進して、電力業界の健全な発展と経済発展方式の転換加速を促進するために新しい貢献をしなければならない。

▶文頭にある"要"は文中の全ての動詞句にかかっています。

2 三峡発電所は2010年に発電量が843億7千万キロワット時に達し、これは標準炭2894万トンの節約と二酸化炭素7066万トンの削減に相当するもので、絶え間ないクリーンな電気エネルギーは国民経済発展のために強大なパワーを注入した、と中国長江三峡集団社の曹広晶董事長は紹介した。

3 国家電網社と南方電網社の構想に基づき、今後5年間において、建設総延長が2万2188キロメートル、容量7万9200メガワット、静態投資総額が2486億元に達する12本の超高圧直流送電線が続々と建設される。

4 2009年6月、北侖発電所3期拡張工事の2台目の100万キロワットの発電機が正式に商業ベースの運行に入り、脱硫・脱硝装置が同時に試験運行をパスした。北侖発電所は7台の石炭炊きユニット・500万キロワットの設備容量・275億キロワット時の設計発電量で一挙に国内最大の火力発電所になった。

5 需給がタイトな電力使用のピーク時には、製造業の電力ユーザーに対し電力使用のピークシフトやピークを避ける等の措置を実施する。経済のてこを充分利用しエネルギー高消費ユーザーに対しピーク時に使用を控えさせたり他へ譲らせたりといった措置を行う。公共の施設に対し温度調整等の電力使用負荷を下げる措置を採る。

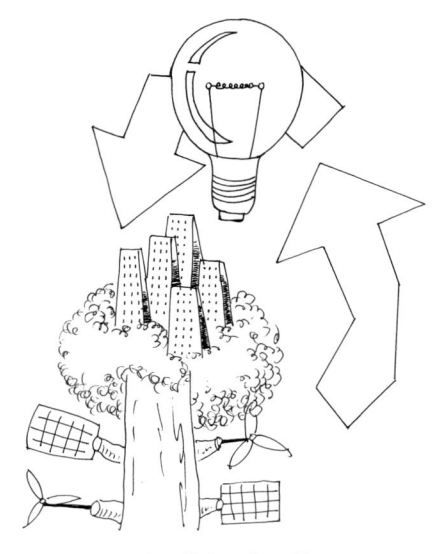

再生可能なエネルギー

第25課　電力産業

訳してみよう

1. 有关新能源的提法是"加快风电、太阳能发电和热电联产等清洁高效能源的建设"，与以往提出的"大力发展可再生能源"有所不同。

    热电联产：コージェネレーション、熱電併給、熱と電気の複合利用

2. 信德省政府日前与三峡集团公司签署谅解备忘录，三峡集团将在信德省开发风电和太阳能电，并可帮助巴基斯坦在印度河流域开发廉价水电。

    信德省：シンド（Sind）省、パキスタン南東部の省
    谅解备忘录：了解覚書、MOU（Memorandum Of Understanding）
    印度河：インダス河、"印度斯河"ともいう

3. 目前，天威保变已掌握了特高压交直流变压器、大型水电、火电、核电变压器及大型移相变压器的核心技术，填补了诸多该领域的世界空白。

    天威保变："保定天威保变电气股份有限公司"のことで、前身は"保定变压器厂"（河北省保定市）

4. 水电、核电、风电等清洁能源发电投资占电源投资的比重2010年为64%，火电投资完成额由2005年的2271亿元快速减少到2010年的1311亿元。

5. 将生活用电分平段和谷段两个时段，其中每天8点至22点为平段，22点至次日8点是谷段。

    平段：通常時
    谷段：ボトム時

関連語句

电老虎	電力使用量が極めて大きい企業や設備のこと
直购电	直接購入電力、大口の電力ユーザーが価格と使用量を直接電力会社と取引する電気のこと
并网发电	併合発電
用电荒	電力消費不足
阶梯计价	階段式料金算出
分时电表	時間帯別電力量計
智能电表	スマートメーター
水火并举	水力・火力同時推進
碳排放权交易	CO_2排出権取引

コラム

　ここ10年来、毎年のように"**电荒**"（電力不足）に見舞われている中国。"十一五"期間中に発電設備を大幅に増強したにもかかわらず、2011年には夏場を前に各地で深刻な電力不足になりました。原因の1つが"**电煤**"（火力発電用石炭）の不足。石炭価格が急上昇しているのに、"**销售电价**"（電力販売価格）は抑制されたままで、発電会社は"**越发越亏损**"の状態。その結果、"**火电站**"（火力発電所）の稼働率が極端に低下しているのです。これに異常気象による南部地域の渇水が水力発電能力を低下させ、電力不足に繋がりました。

　電力価格は庶民にとっても大問題。諸物価上昇の折、現在の電力価格でも電気の使用をためらう人が多く、特に農村では顕著です。しかも、これまで農村のほうが都会より電力価格が高かったわけですから、こんな不公平な話はありません。そこで政府は"**农村电网**"の整備を進め、"**城乡用电同网同价**"（都市と農村の同一ネットワーク同一価格）を実現すべく政策を立案中です。

練習問題

一 適当な言葉を A～F より選び、（　）の中に記入しなさい。

> A 高峰　B 负荷　C 注入　D 平稳　E 节能　F 减排

1. 车博会首日吸引了1万余人次，截至昨天下午5时，累计销售新车301辆，预计今明两天双休日将迎来售车（　　）。
2. 丰富多彩的文化活动，为企业健康发展（　　）了生机与活力，促进了地方经济发展。
3. 自2008年4月引入日立集团的高压电机后，昆明钢铁集团因此实现了年节电144万千瓦时，（　　）效益显著。
4. 记者从25日交通运输部举行的新闻发布会上了解到，交通运输部采取多项措施推进行业节能（　　）工作。
5. 三天两场大雪，持续的强冷空气使辽宁地区生产、生活、采暖用电量的猛增，致使冬季最高用电（　　）接连创出新高。
6. 交通运输部今天（25日）表示，随着冬季用电高峰来临，交通运输部门正加大电煤运输工作力度，力保"迎峰度冬"运输保障工作（　　）有序。

二 組み合わせが適切となるよう左右の言葉を線で結びなさい。

1. 保障　　　A. 强大动力
2. 优化　　　B. 经济杠杆
3. 建设　　　C. 输电线路
4. 实施　　　D. 能源安全
5. 注入　　　E. 电力错峰措施
6. 利用　　　F. 电力结构

●●研究テーマ例

1. 電力価格に関する諸問題
2. 国内送電ネットワークの整備と関連需要について
3. 火力発電と水力発電の抱えるリスクについて
4. 拉闸限电：是指在电力系统中拉开供电线路断路器，强行停止供电的措施。

文章の日本語訳問題

　　据了解，今年从 3 月份即还未进入夏用电高峰期，我国的部分地区就提前出现"电荒""限电"现象，特别是 9 月份以来仍有 10 多个省份电力供应紧张。而工信部在报告中仍对明年的能源供应形势不持乐观态度，并表示"就业总量压力和结构性矛盾并存，招工难、民工荒等现象具有长期化趋势。"同时由于我国原油、铁矿石、铝土矿、铜矿等进口依存度均超过 50%，未来一段时期对进口资源的依赖度还将进一步提高。而中电国际董事长李小琳在之前举行的一次会议上也表示，由于改革的滞后，煤电关系至今尚未理顺，火电的年年巨额亏损，严重挫伤了发电产业的积极性，局部地区出现了"电荒"。此外，受到"十二五"节能减排的要求，对于火电企业在环境方面的要求更高。她预计今后区域性和结构性电荒将成为常态。　　（来源：《中国新闻周刊》2011 年 11 月 25 日）

● 工信部：全称是"中华人民共和国工业和信息化部"，主要职责为：拟订实施行业规划、产业政策和标准；监测工业行业日常运行；推动重大技术装备发展和自主创新；管理通信业；指导推进信息化建设；协调维护国家信息安全等。作为行业管理部门，主要是管规划、管政策、管标准，指导行业发展，但不干预企业生产经营活动。

☞ お役立ち情報サイト

中国电力网 http：//www.chinapower.com.cn/
国家电力信息网 http：//www.sp.com.cn/
国际电力产业网 http：//www.gridsources.com/
中国西部电力网 http：//cnwep.com/
国家电网公司 http：//www.sgcc.com.cn/

練習問題の解答

練習一　1. A　2. C　3. E　4. F　5. B　6. D
練習二　1. D　2. F　3. C　4. E　5. A　6. B

第 25 課　電力産業

第26課　食品　飲料

> **概要**
>
> 人の生命を脅かすほどの食品事件が続いたこともあり、政府・消費者等はいかにして食の安全を守るかに腐心しており、政府内には食品安全委員会が設立され、品質チェック体制・トレース体制の整備を急いでいる。ビールを始めとする飲料・インスタント食品などの大量生産を行う食品工業の分野では、規模拡大によって競争力を維持しようという動きが顕著になっており、外資を含めた業界再編が行われている。

1　（食品の安全）中共中央政治局常委、国务院副总理、国务院食品安全委员会主任李克强在会上讲话时强调，食品安全是重要的民生问题，要下更大的决心，采取更有力的措施，依法加强治理整顿，依法加大监管力度，切实提高食品安全水平，保障人民群众身体健康，维护改革发展稳定大局。

　　治理整顿：管理・整備する、統治・粛清する

2　（トレーサビリティ）福建出入境检验检疫局2日宣布，将用3年时间完成建设进出口食品安全追溯体系，实现出口食品从原料到出口环节和进口食品从口岸到市场环节的质量安全可追溯。

　　可追溯：トレーサビリティ

3　（ビール業界のM&A）从啤酒产品本身来讲，差异化非常困难，因此，啤酒企业在不断的并购中完成企业的战略布局，通过扩大企业规模，以及提高企业的知名度，给同行业的竞争者或后进入者设置了障碍。

　　并购：合併（Merger）と買収（Acquisition）

4　（食用農産物の「三品一標」）无公害农产品、绿色食品、有机农产品和农产品地理标志统称"三品一标"。纵观"三品一标"发展历程，虽有其各自产生的背景和发展基础，但都是农业发展进入新阶段的战略选择，是传统农业向现代农业转变的重要标志。

　　地理标志：生産地表示

5　（粉ミルク事件）2008年中国奶粉污染事件是中国的一起食品安全事件。事件起因是很多食用三鹿集团生产的奶粉的婴儿被发现患有肾结石，随后在其奶粉中被发现化工原料三聚氰胺。

　　三聚氰胺：メラミン

日本語訳例

1. 中国共産党政治局常務委員、国務院副総理、国務院食品安全委員会主任である李克強氏は会議で発言をした際に、食品の安全は重要な民生問題であり、より強く決意し、より有力な措置をとり、法に基づき管理整備を強め、法に基づき監督の度合いを高くして、食品の安全レベルを高め、庶民の身体の健康を保障し、改革・発展を擁護し、大局を安定させなければならない、と強調した。

2. 福建省出入国検査検疫局は2日、3年間かけて輸出入食品の安全をトレースするシステムをつくり上げ、輸出される食品の原料から輸出段階までと輸入される食品の窓口から市場段階までの品質安全のトレーサビリティを実現する、と公表した。

3. ビール製品本体について言うと、差別化がとても難しく、このため、ビール製造企業は絶え間ないM&Aにおいて企業の戦略的布石を完成し、企業規模を拡大することおよび企業の知名度を上げることを通じ、同業の競争相手あるいは後発の参入者に対し障害となるものを設けている。

4. 無公害農産物・緑色食品・有機農産物・生産地表示をひっくるめて「三品一標」と言う。「三品一標」の発展の歩みを概観すると、そのそれぞれが生まれた背景と発展の基盤というものがあるが、全て農業の発展が新しい段階に入る戦略的選択であり、伝統的農業が近代的農業に向かって変化する重要なサインである。

5. 2008年の中国汚染粉ミルク事件は中国の食品安全に関わる事件である。事件の発端は三鹿集団が生産した粉ミルクを飲んだ多くの赤ちゃんが腎臓結石を患っていると分かったことであり、すぐ後でその粉ミルクの中に化学工業の原料メラミンが見つかった。

安全意識の高まりを受けてか、ずらりと並ぶミネラルウォーター

訳してみよう

1. "民以食为天，食以安为先"。各地正积极从源头开始，逐步完善对生产经营者食品安全管理制度的建设。

2. 建立产地准出和市场准入制度，确保食品消费安全，是近年来各地行之有效的监管措施之一。

   准出：出荷許可
   准入：搬入許可
   行之有效：実効性のある、効果を有して行う

3. 过去的10年里，国内啤酒市场的收购事件超过80起，涉及金额逾400亿元，四巨头占全国近六成份额。

   巨头：大手、大物

4. 按照相关法律法规规定，凡是通过"三品一标"认证的农产品，在包装上市时均应标注相应的质量安全标识和认证机构全称。

   标注：タグをつける

5. 我国奶农的组织化程度不到30%。从单产水平看，世界奶牛平均单产为6吨，发达国家则普遍超过8.5吨，我国奶牛单产仅为5吨左右，差距明显。

   单产：1頭当たりの生産量

関連語句

运动饮料	スポーツ飲料
减肥食品	ダイエット食品
食品安全溯源系统	食品安全トレースシステム
下架	商品を売り場から撤去する
食品召回	食品リコール
QS 认证制度	QS（品質安全）認証制度
农药残留物检测	残留農薬検査
转基因食品	遺伝子組み換え食品
食源性疾病	食品由来疾患

コラム

　食品安全問題が頻発する中国。最近でも"瘦肉精"（塩酸クレンブテロール）を使った豚肉や"染色馒头"（着色饅頭）事件などが話題になっています。また、生ゴミから精製した"地沟油"（どぶ油）のような再生品問題も深刻で、政府は 2010 年の〈飲食サービス食品安全監督管理規則〉で回収食品の再利用を禁止しました。また、"安全追溯体系"（トレーサビリティ）に基づく"三品一标"（無公害農産物・緑色食品・有機農産物・農産物生産地表示）も急速に浸透しています。

　政府はさらに 2010 年に国務院食品安全委員会を設置、新規〈副食品プロジェクト建設に関する意見〉を出し、野菜・果物・肉類・水産品など 10 種類の主要生産品に対する"标准化"（基準化）推進と、2015 年までに野菜や果物などのトレーサビリティを確立することを掲げました。このほか、抗生物質による耐性菌の問題も深刻で、さらに漂白剤・"膨大剂"（膨張剤）などの添加物も多く、〈食品添加剤生産監督管理規定〉の整備が急務となっています。

練習問題

一 適当な言葉を A～F より選び、（ ）の中に記入しなさい。

> A 标志　B 知名度　C 威胁　D 监管　E 整顿　F 追溯

1. 气候变化可能加大世界主要江河流域的平均降雨量，但天气模式将会变幻无常，雨季的时间也可能会改变，从而给农业和畜牧养殖业造成（　　　）。
2. 郭树清 11 月 10 日在北京表示，人民币汇率出现双向调整，是市场化的重要（　　　）。
3. 11 月，得利斯集团公布其《食品质量与安全报告》，报告显示得利斯已在经营过程中建立起一套完善的质量管理（　　　）体系。
4. 据《第一财经日报》报道，近几年在全国各地涌现的三百多家各类交易市场正面临最大一轮（　　　）风暴。
5. 中小企业品牌（　　　）较低的特点局限了它的销售范围，而互联网的无处不在恰恰弥补了这个劣势。
6. 聊城市还加强了对食品生产环节、流通环节和餐饮服务环节的（　　　）。

二 組み合わせが適切となるよう左右の言葉を線で結びなさい。

1. 重要的　　A. 知名度
2. 有力的　　B. 重要标志
3. 企业的　　C. 竞争者
4. 同行业的　D. 农产品
5. 无公害　　E. 民生问题
6. 转变的　　F. 措施

●●研究テーマ例

1. 最近の主な食品問題と発生原因の分析
2. 中国におけるトレーサビリティへの取り組み
3. 日本人と中国人の飲料嗜好の違いについて
4. 地沟油：泛指各类劣质油，如回收的食用油、反复使用的炸油等，长期食用可能会引发癌症，对人体的危害极大。由于存在不小的经济诱惑，仍有人铤而走险销售地沟油。

文章の日本語訳問題

　　食品安全是一个世界性的难题，必须正视这个现实并努力寻找解决的办法。解决问题需要厘清以下几个关系：

　　首先，食品安全问题与经济社会的发展阶段有关。100多年前，美国同样是食品安全事故频发，随着城市化进程加速，大批农村人口涌入城市，乡村集市上亲眼见证食物生产过程的场景一去不返，为了赚取更高利润，企业主们肆无忌惮地在食品中加入各种添加剂和替代物……

　　其次，食品安全问题与科技认知水平有关。科技的发展极大地改变了食品工业，提高了人们的生活质量，也引发了一些新的问题。比如现在让消费者闻之色变的"瘦肉精"，当初就是作为先进技术从国外引进的。

　　解决食品安全问题，必须依靠严格的监管体系。

（来源：《经济日报》2011年11月21日）

1. 城市化：是社会经济变化过程，包括农业人口非农业化、城市人口规模不断扩张，城市用地不断向郊区扩展，城市数量不断增加以及城市社会、经济、技术变革进入乡村的过程。
2. 瘦肉精：是一类动物用药，有数种药物被称为瘦肉精，例如莱克多巴胺（Ractopamine）及克伦特罗（Clenbuterol）等。将瘦肉精添加于饲料中，可以增加动物的瘦肉量、减少饲料使用、使肉品提早上市、降低成本。但因为考虑对人体会产生副作用，各国开放使用的标准不一。

☞ お役立ち情報サイト

食品伙伴网 http：//www.foodmate.net/
国家食品安全质量网 http：//www.nfqs.com.cn/
中国食品网 http：//www.foodprc.com/
中国食品添加剂网 http：//www.foodadd.net.cn/
中国食品安全报 http：//www.cfqn.com.cn/

練習問題の解答

練習一　1. C　　2. A　　3. F　　4. E　　5. B　　6. D
練習二　1. E　　2. F　　3. A　　4. C　　5. D　　6. B

第26課　食品　飲料　157

第27課　小売　サービス業

> **概要**
>
> 　中国政府はこれまでの高度経済成長を牽引してきた労働集約的な第二次産業中心の産業構造を転換し、サービス業を核とする第三次産業の比率を高めようとしている。生活サービス業分野に属する小売業においては、百貨店・スーパーマーケット・ハイパーマート・コンビニエンスストア・会員制倉庫型卸売小売店・アウトレット等あらゆる業態の店舗が外資系のものを含めてしのぎを削っている。

1. （産業構造高度化に向けて）把推动服务业大发展作为产业结构优化升级的战略重点，营造有利于服务业发展的政策和体制环境，拓展新领域，发展新业态，培育新热点，推进服务业规模化、品牌化、网络化经营，不断提高服务业比重和水平。
    规模化：大規模化、量産化

2. （専門サービスの育成）大力发展会计、审计、税务、工程咨询、认证认可、信用评估、经纪代理、管理咨询、市场调查等专业服务。积极发展律师、公证、司法鉴定、经济仲裁等法律服务。加快发展项目策划、并购重组、财务顾问等企业管理服务。

3. （商業分野の重点）优化城市综合超市、购物中心、批发市场等商业网点结构和布局，支持便利店、中小超市、社区菜店等社区商业发展。
    社区菜店：地域コミュニティ内（主に集合住宅の居住区）にあり、新鮮な野菜・果物や乾物などを売る商店

4. （フランチャイズ）麦当劳中国公司强调发展特许经营业务是麦当劳在全球许多市场取得成功的关键因素，也将成为麦当劳未来在中国快速发展的重要推动力之一，并表示会选择在一些条件成熟的市场开展特许经营业务。
    特许经营：フランチャイズ

5. （ハイパーマート）沃尔玛在中国的经营始终坚持本地采购，目前，沃尔玛中国与近2万家供应商建立了合作关系，销售的产品中本地产品超过95%；同时，沃尔玛中国注重人才本土化，鼓励人才多元化，特别是培养和发展女性员工及管理层。
    本土化：現地化　　　　　　　　　　管理层：経営管理者、経営陣

日本語訳例

1. サービス業の大発展の推進を産業構造の最適化、高度化の戦略的重点とし、サービス業の発展に資する政策と体制上の環境を整え、新しい分野を広げ、新しい業態を発展させ、新しい注目事業を育て、サービス業の大規模化・ブランド化・ネットワーク化経営を推進し、サービス業の比率と水準を絶えず高める。

2. 会計、監査、税務、プロジェクトコンサルティング、認証認可、信用調査・格付け、仲立・代理、マネジメントコンサルティング、市場調査などの専門サービスを大いに発展させる。弁護士・公証・司法鑑定・経済仲裁などの法律サービスを積極的に発展させる。プロジェクトプラニング、M&A・リストラクチャリング、財務コンサルティングなどの企業管理サービスを急ぎ発展させる。

3. 都市部の総合スーパー、ショッピングセンター、卸売市場など商業ネットワークの構造と配置を最適化し、コンビニ、中・小規模スーパー、コミュニティ商店など地域コミュニティの商業の発展を支援する。

4. マクドナルド中国社は、フランチャイズ事業を発展させることはマクドナルドが世界の多くの市場で成功を収める鍵となる要因であり、マクドナルドが今後中国においても急速に発展する重要な推進力の1つになるだろうと強調し、かつまた一部の条件が成熟した市場を選びフランチャイズ事業を展開すると表明した。

5. ウォルマートは中国での経営において一貫して現地での購買にこだわる。現在ウォルマート中国社は2万社弱のサプライヤーと協力関係を築いており、販売する商品中、現地の商品が95%を超えている。同時にウォルマート中国は人材の現地化を重んじ、人材の多様化を促し、特に女性従業員および経営管理層を育成発展させている。

お客様目線に立った小売業へと改革中

訳してみよう

1. 深化专业化分工，加快服务产品和服务模式创新，促进生产性服务业与先进制造业融合，推动生产性服务业加速发展。

    生产性服务业：生産的サービス業、他社の製造現場の工程管理、技術の向上、生産効率アップ等を専門に手掛けるサービス業

2. 中国管理咨询行业多以中小规模咨询公司为主，其优势在于服务形式灵活多样、价格较低以及地域性，这恰恰是中小企业所需要的。

    咨询公司：コンサルティング会社

3. 将外商投资商业企业开设店铺，以及外商投资互联网、自动售货机方式销售项目设立网点的审核权下放给各设区市经贸部门。

    商业企业：商業企業、加工等をせず仕入れた商品を販売する企業
    审核权：審査承認権限
    下放：上部機関の権限を下部機関に委譲する

4. 加盟特许经营品牌能够分享品牌的价值和市场效应，同时可以提高经营管理水平、降低投资风险，无疑是一条实现资本增值、开创新事业的捷径。

    市场效应：「市場効果」、売り手が多くなると形成する市場が大きくなり、より多くの消費者を引き付けることができるという効果のこと
    资本增值：キャピタルゲイン

5. 大卖场的目标顾客是家庭主妇。大卖场打着低价的策略，有限的服务还有自助式服务，让消费者有一个较为悠闲自在的购物环境。

    大卖场：大型総合スーパー
    悠闲自在：気楽でゆったりしている

関連語句

后工业化社会	ポスト工業化社会
高端消费	ハイエンド消費
行业准入限制	業界参入制限
企稳	（株価や証券価格などが）落ち着く
批零差价	卸売価格と小売価格の差額
平价	公定価格
议价	自由協議価格
指导价	（行政機関による）指導価格
洋快餐	欧米のファストフード店、外来のファストフード店
仓储式商场	倉庫型店舗

コラム

　2005年に始まった"万村千乡工程"は全国の農村に"超级市场"を展開、今では国内スーパーはもとより、"沃尔玛"（ウォルマート）、"家乐福"（カルフール）といった欧米系や日系企業も積極的に進出しています。"便利店"（コンビニ）では"全家FamilyMart"（ファミリーマート）が2015年以降に8000店舗を、"罗森"（ローソン）も10000店を目指し、2011年時点で2000店に迫る"7-Eleven"（セブン-イレブン）もドミナント戦略を徹底させる方針です。百貨店でも三越伊勢丹ホールディングスが2014年に四川省成都市に国内大型店舗の3倍規模の"新光三越"をオープンする計画。

　ネット通販では、ソフトバンクは"阿里巴巴"（アリババ）傘下の中国ネット通販大手"淘宝网"と提携、楽天も仮想商店街で進出、家電の"亚玛达电器"（ヤマダ電機）も中国全土でのネット通販を展開し始めました。外食産業では吉野家や"萨莉亚"（サイゼリヤ）などが続々と出店、脚光を浴びる教育産業では、音楽教室の"雅马哈"（ヤマハ）、通信教育のベネッセ、学習塾の公文などが市場に食い込んでいます。

練習問題

一 適当な言葉をA～Fより選び、（　）の中に記入しなさい。

> A 升级　B 营造　C 热点　D 网点　E 本土化　F 比重

1. 近年来，区物价局积极创新形式，不仅有效增强了干部职工的学习积极性，而且在全局上下（　　　）了良好的学习氛围。
2. 新型西门子真空冰箱的设计、研发都在中国完成，产品也是针对中国市场的。西门子真空冰箱从产品的规划到计划，从新产品前期调研到产品研发，都基本上实现了（　　　）。
3. 市公用事业收费中心于昨天正式开通了华丰银行代收（　　　）58个，光大银行代收（　　　）11个。
4. 目前中国贸易顺差呈现下降趋势，占国内生产总值（GDP）（　　　）约达1.4%，处于合理区间。
5. 伴随着房价的下跌，要求开发商退房、补价的声音不绝于耳，部分业主与开发企业的矛盾逐渐（　　　）甚至发生了严重的纠纷。
6. 海岛游成了今年春节旅游市场的一大（　　　），价格也比平时贵了不少。

二 組み合わせが適切となるよう左右の言葉を線で結びなさい。

1. 升级　　　A. 有利环境
2. 营造　　　B. 新热点
3. 培育　　　C. 产业结构
4. 开展　　　D. 服务业比重
5. 提高　　　E. 新的领域
6. 拓展　　　F. 特许经营业务

●●研究テーマ例

1. 日系コンビニの中国戦略
2. 日系飲食産業の中国戦略
3. 日系教育産業の中国戦略
4. "豆你玩，蒜你狠"：反映了2010年中国市场大蒜、绿豆的零售价普遍上涨的严峻事实。

文章の日本語訳問題

　　经济型酒店又称为有限服务酒店，其最大的特点是房价便宜，其服务模式为"b&b"（住宿＋早餐）。经济型酒店有着巨大的市场潜力，具有低投入、高回报、周期短等突出的优点。最早出现在上个世纪50年代的美国，如今在欧美国家已是相当成熟的酒店形式。我国经济型酒店最初的发展始于1996年，上海锦江集团旗下的"锦江之星"作为中国第一个经济型酒店品牌问世。进入21世纪，各种经济型酒店品牌如雨后春笋般迅速发展起来。除规模最大、历史最久的锦江之星外，首旅酒店集团和携程网于2002年共同投资设立的如家快捷也得到了迅速的成长。除此之外，一些区域性的经济型酒店品牌也在短短几年内在部分地区得到迅速的扩张，并积极向全国性品牌的方向努力。

（来源：百度百科）

1. b&b：Bed ＆ Breakfast，经济型酒店只提供客房和早餐，一些有限服务酒店还提供简单的餐饮、健身和会议设施。
2. 上海锦江集团：是中国规模最大的综合性旅游企业集团之一。集团以酒店、餐饮服务、旅游客运业为核心产业，并设有酒店、旅游、客运物流、地产、实业、金融六个事业部。注册资本20亿元，总资产180亿元。
3. 首旅酒店集团：是1998年2月组建的、全国第一家省级国有独资综合型旅游企业，位居全国旅游服务企业的前列。截止到2008年12月31日，首旅集团在岗职工合计40367人，拥有总资产285.5亿，实现营业收入222亿元、利润总额12.57亿元；两项指标均列北京市国资委监管企业的第四位。

☞ お役立ち情報サイト

中国连锁经营协会 http：www.ccfa.org.cn/
中国连锁经营实战网 http：www.flyhorses.com/
上海现代服务业 http：//www.ssfcn.com/
赢商网 http：//www.ssfcn.com/

練習問題の解答

練習一　1. B　2. E　3. D　4. F　5. A　6. C
練習二　1. C　2. A　3. B　4. F　5. D　6. E

第28課　メディア　文化産業

概要

政府は映画・ビデオ・出版・演芸・娯楽・アニメーションなどの文化産業を国民経済における柱に育成し、海外市場を開拓し進出させることで国のソフトパワー強化を目指す。特に中小の民間企業がこの分野で発展できるように政策面でサポートしようとしている。

1 （戦略的産業）国务院出台的《文化产业振兴规划》将动漫产业列入国家重点发展的文化产业门类之一，为动漫产业的发展提供了难得的机遇。《文化产业振兴规划》是我国第一个文化产业专项规划，标志着文化产业已经上升为国家的战略性产业。

　　动漫产业：アニメ産業、アニメ・コミック産業　　专项：特別な（事業、プロジェクト）

2 （第12次五カ年計画）推进文化产业结构调整，大力发展文化创意、影视制作、出版发行、印刷复制、演艺娱乐、数字内容和动漫等重点文化产业，培育骨干企业，扶持中小企业，鼓励文化企业跨地域、跨行业、跨所有制经营和重组，提高文化产业规模化、集约化、专业化水平。

　　数字内容：デジタルコンテンツ　　重组：再編、再構築、リストラクチャリング

3 （映画産業）中国电影市场经历了20世纪90年代前期的惨淡经营，于1995年以"分账大片"的方式引进外部力量，刺激中国电影受众市场，推动了国产电影步入市场化轨道。

　　分账大片：ハリウッドの大作映画興行収入配分　　受众：観客、視聴者など情報などの受け手

4 （アニメ産業）动漫产业，是指以"创意"为核心，以动画、漫画为表现形式，包含动漫图书、报刊、电影、电视、音像制品、舞台剧和基于现代信息传播技术手段的动漫新品种等动漫直接产品的开发、生产、出版、播出、演出和销售，以及与动漫形象有关的服装、玩具、电子游戏等衍生产品的生产和经营的产业。

5 （ネットメディア）网络媒体作为第四媒体逐渐在日趋激烈的媒介竞争中，无可争议地获得了自身的地位，其影响已全面而深刻地渗入到人们的政治、经济、文化生活等各个方面，成为新闻传播活动不可须臾离弃的手段和方式。

　　媒体：メディア。"媒介"や"传媒"も「メディア」の意

日本語訳例

1 国務院が打ち出した「文化産業振興計画」ではアニメ産業を国が重点的に発展させる文化産業の分野の1つとして扱い、アニメ産業発展のために得がたい機会を提供した。「文化産業振興計画」は我が国最初の文化産業特別計画で、文化産業がすでに国家の戦略的産業に登りつめたことを示している。

2 文化産業の構造調整を推進し、文化クリエイティブ産業、映画・ビデオ制作、出版・発行、印刷・複製、エンタテインメント、デジタルコンテンツ、アニメ等の重点文化産業を全力を挙げて発展させ、中核企業の育成、中小企業の支援を行い、企業の地域・業種・所有制を越えた経営と再編を促し、文化産業の大規模化、集約化、専門化レベルを高める。

3 中国の映画マーケットは1990年代前半の惨憺たる経営を体験したので、1995年に「大作映画興行収入配分」方式で外部の力を導入し、中国映画の観客市場を刺激することで国産映画が市場化の軌道に乗るよう推し進めた。

4 アニメーション産業とは、「独創性」を核に動画・漫画を表現方法とし、アニメ本・定期刊行誌・映画・テレビ・AV製品・舞台劇と最新の情報伝達技術手段に基づくアニメの新しい種類などアニメの直接的商品の開発・生産・出版・放映・上演・販売、およびアニメキャラクターに関連する服装・玩具・コンピューターゲーム等の派生商品の生産と経営を行う産業を指す。

5 ネットメディアは第4のメディアとして、日増しに激しくなるメディア競争の中で特に摩擦も起こさず自分自身の地位を徐々に獲得した。その影響はすでに人々の政治・経済・文化生活などの各方面において全面的にそして深く浸み込み、ニュース伝達活動につかの間も手離すことのできない手段・方法となっている。

大型書店の商品陳列風景

訳してみよう

1 文化旅游产业是文化产业中最具生命力、可持续发展的产业业态，同时也是一种符合现代需求、具有都市特征的新型业态。

业态：業態

2 上海力争到2015年文化创意产业增加值占全市生产总值的比重由2010年的9.75%提高到12%左右，确立其支柱产业的重要地位。

3 对非公有制电影企业在投资核准、土地使用、财税政策、融资服务、对外贸易等方面给予国有电影企业同等待遇。

4 应该认识到，动漫不是儿童的代名词，动漫的目的也不单纯是教育，其首要目的应该是娱乐。动漫产品功能的单一化限制了我国动漫受众的范围。

単一化：画一化、単一化

5 网络搜索引擎代表了一种新的虚拟经济形态，即"搜索力经济"。其特征就是受众从以往的眼球被动接受信息状态转为主动搜索信息。

搜索引擎：検索エンジン
虚拟经济：バーチャル経済
眼球：視線、注意力

関連語句

上海文交所	文化の財産権を取引する"上海文化产权交易所"のこと
文化软实力	文化影響力、文化のソフトパワー
夕阳艺术	斜陽芸術
海派文化	上海文化
院线	同系列の映画館。同じ時期に同じ映画を放映する
百家争鸣，百花齐放	1950年代の「共産党への批判を歓迎する」という政治運動の1つ

コラム

　2008年に行われた中国映画家協会映画文学創作委員会による「改革開放30年優秀映画脚本」選出活動で1978年以降のおよそ5000本余りの中から『芙蓉鎮』など50本の作品が選ばれたことはまだ記憶に新しいことです。近年中国映画界は空前の活況振りを見せ、2010年には"故事片产量"（製作本数）526本、"票房"（興行収入）は100億元を突破しました。ちなみに同年外国映画ベストスリーは《阿凡达》『アバター』、《盗梦空间》『インセプション』、《爱丽丝梦游仙境》『アリス・イン・ワンダーランド』、国内映画ベストスリーは《唐山大地震》、《让子弹飞》、《非诚勿扰Ⅱ》、地区別興行収入ベストスリーは広東、北京、上海でした。

　しかし、その一方で、急発展した中国映画界が直面する新しい問題も顕在化しています。"票房红火　市场混乱　文化贫血"は中国映画界の現状を形容した言葉（人民日報2011.3.29）。また、"贺岁档"（正月映画）では外国の大作が幅を利かせていますし、映画館の配置はほとんどが大都市に集中、映画館がない都市もまだ少なくありません。

練習問題

一 適当な言葉をA～Fより選び、（ ）の中に記入しなさい。

> A 机遇　B 规模化　C 市场化　D 专业化　E 核心　F 创意

1. 除了非物质文化遗产作为文化去保护，剩下的大部分都应作为商品走（　　　）的道路，这样老百姓就能看到不走样的戏，中国的艺术家也会不断有新的出路。
2. 最前沿、最先进的（　　　）技术是买不来的，要靠自己的研发。
3. Digitas 是一家全球性的数字广告公司，其目标是推广技术与（　　　）相结合的文化空间。
4. 台湾小吃的（　　　）与精致化，成了推介台湾观光的一大法宝。
5. 天津百泰新能源汽车服务公司在天津实现（　　　）运营，160辆纯电动"的士"穿行于大街小巷，成为一道亮丽的风景。
6. 2011年以来，国家大力扶持中小企业，而中小企业的快速成长对于IT商用市场也带来了全新的（　　　）。

二 組み合わせが適切となるよう左右の言葉を線で結びなさい。

1. 难得的　　　A. 轨道
2. 市场化　　　B. 影响
3. 深刻的　　　C. 机遇
4. 专业化的　　D. 媒体竞争
5. 激烈的　　　E. 各个方面
6. 生活的　　　F. 水平

●●研究テーマ例

1. 中国アニメ産業の発展と課題
2. 中国映画産業の発展と課題
3. 中国ネットビジネスの発展と課題
4. 创意产业：就是源于个人创意、技巧和才华，通过知识产权的开发和运用，而形成具有创造财富和就业潜力的行业。

文章の日本語訳問題

　　文化产业作为新兴的朝阳产业，在各国经济发展中具有越来越重要的地位，同时也成为影响文化发展和人民幸福生活水平的核心要素。幸福是人类行为的终极目的，它有层次和境界之分，层次和境界愈高，幸福感愈强，社会与人本身的共同发展是提升幸福的必由之路。经济，富裕生活的支柱；文化，幸福生活的支撑。与经济相比，文化的特殊性就在于其根本目的是人自身，优化人的存在是文化的根本使命。文化改变人，也改变社会发展模式，因而是人类提升幸福的深层基础。作为文化与经济的结合物，文化产业直指人的精神需求，它与个人快乐或幸福之间存在着一种必然的联系，其发展方向直接关系到文化乃至人类的未来。关注和提升民众的幸福，是文化产业发展不可推卸的责任和使命。

　　　　　　　　　　　　　　　　　　（来源：《光明日报》2011年10月23日）

1. 朝阳产业：指新兴产业，它们具有强大的生命力，是技术突破创新的成果，市场前景广阔，代表未来发展的趋势，一定条件下可演变为主导产业甚至支柱产业。但是也存在着一定的风险性。目前前景看好的朝阳产业有IT、环保、新能源等。
2. 核心要素：就是指最重要、最关键的因素。

☞ お役立ち情報サイト

中国文化产业网 http：//www.cnci.gov.cn/
中国创意产业网 http：//www.ccitimes.com/
腾讯动漫频道 http：//comic.qq.com/
ZERO动漫网 http：//www.zerodm.cn/
中国国际文化产业网 http：//www.china9986.com/

練習問題の解答

練習一　1. C　2. E　3. F　4. D　5. B　6. A
練習二　1. C　2. A　3. B　4. F　5. D　6. E

第29課　航空　観光

> **概要**
>
> 海外、国内を問わず旅行に対する需要が年々高まる中、航空運輸業者による旅客需要の取り込み競争が激しくなっている。中国版新幹線網が整備されつつあるため鉄道部門との競争もあるが、同業者内でも国有航空会社系、地方政府系の新興航空会社、民間系の格安航空会社などの間で激しい競争が展開されている。一方、政府は観光業の振興のために法律の整備や旅行資源の保護・開発に努めている。

1. （航空ネットワークの整備）完善以国际枢纽机场和干线机场为骨干、支线机场为补充的航空网络，积极推动通用航空发展，改革空域管理体制，提高空域资源配置使用效率。
    枢纽机场：大型の拠点空港、ハブ空港
    通用航空：報道・航空写真等の産業航空や遊覧・スポーツ航空

2. （観光業の振興）坚持旅游资源保护和开发并重，加强旅游基础设施建设，推进重点旅游区、旅游线路建设。推动旅游业特色化发展和旅游产品多样化发展，全面推动生态旅游，深度开发文化旅游，大力发展红色旅游。
    生态旅游：エコツーリズム、エコツアー　　红色旅游：革命ゆかりの地を訪ねるツアー

3. （空陸一貫サービス）天津航空、天津机场与京津城际公司联合宣布，推出经津进京空铁联运产品，前往北京的旅客如果选择先乘坐天航飞天津的航班，将免费获得天津机场前往天津东站的机场大巴票和京津城际车票。
    城际：都市間の、都市と都市の間

4. （Low Cost Carrier）大部分低成本航空公司降低成本的方式都相似，包括不提供免费餐饮、增加座椅、减少托运重量、利用二线机场等。正是这些运营模式，使低成本航空公司在相同航程的航班上，机票价格与普通航空公司相比可以便宜30％－80％。
    二线机场：大都市周辺の地方の中小空港

5. （法整備）当前，我国旅游业进入了快速发展的黄金期，《旅游法》的制定将在为旅游者及旅游经营者提供安全、有序的服务，进一步规范旅游市场、解决旅游业存在的突出问题和促进旅游业持续健康发展等方面，起到以法治旅、以法促旅、以法兴旅的重要作用。

日本語訳例

1 国際ハブ空港と幹線空港を柱に、ローカル空港で補完する航空ネットワークを整備し、ゼネラルアビエーションの発展を積極的に推し進め、空域管理体制を改革し、空域資源の配分・使用効率を高める。

2 観光資源の保護と開発を同様に重視することを貫き、観光インフラの建設を強化し、重点観光地・観光ルートの建設を推進する。観光業の特色ある発展と観光商品の多角的発展を推し進める。エコツーリズムを全面的に推し進め、文化観光を掘り下げて開発し、革命史跡巡りツアーを大いに発展させる。

3 天津航空・天津空港と京津城際社は合同で、天津経由で北京に入る通しサービス商品を世に問うと発表した。北京に行く旅客がもし先に天津航空の天津行きのフライトに乗ることを選択した場合、天津空港から天津東駅行きのエアポートリムジンの乗車券と天津—北京間の列車乗車券を無料で得られる。

▶ "経津進京"は"経过天津进入北京"のことで「天津を経由して北京に入る」となります。

4 大部分の格安航空会社のコスト低減の方法はどれも似通っており、無料の機内食や飲料を提供しないこと・座席を増やすこと・預かり手荷物の重量を減らすこと・地方の中小空港を利用すること等が含まれている。まさにこのようなビジネスモデルによって、格安航空会社は同じような航程のフライトにおいて、航空券価格を普通の航空会社に比べ30%～80%安くできる。

5 目下、我が国の観光業は急速に発展する黄金期に入っている。「旅行法」の制定は、旅行者および観光業経営者のために安全で秩序あるサービスを提供し、観光マーケットをさらに規範化し、観光業に存在する突出した問題を解決することや観光業の持続的で健全な発展を促進する等の方面において、法律によって観光業を管理し、法律によって観光業を推進し、法律によって観光業を振興する重要な役割を果たすだろう。

▶ "起到 A、B、C 的重要作用"「A、B、C という重要な役割を果たす」。

茨城空港に乗り入れた春秋航空機

第29課 航空 観光 171

訳してみよう

1 到 2015 年，全国运输机场总数达到 230 个以上，将覆盖中国 94% 的经济总量、83% 的人口和 81% 的县级行政单元。

 经济总量：総需要量や総供給量のこと。GDP を指すこともある

2 农家乐是新兴的旅游休闲形式，是农民向城市现代人提供的一种回归自然从而获得身心放松、愉悦精神的休闲旅游方式。

 农家乐：「ファームステイ」。農村を楽しむ旅行スタイルの1つ
 身心放松：心身をリラックスさせる

3 是否可以考虑也像飞机票一样打折、降价，承诺"航空式服务"、保证高铁不卖站票或者至少能站票坐票分别定价？对此，我们不妨拭目以待。

 站票：立ち席（無座）の切符
 坐票：座席指定券

4 春秋航空的飞机都是改装过的，A320 飞机别人是 120–150 座，它家有 180 座。这就意味着空间很小。所以选了春秋，就不要提"舒适"啦。

 春秋航空：2004 年に上海春秋国際旅行社によって設立された中国で最初の LCC、格安航空会社

5 重要是选择信誉好的旅行社，不能因为个别害群之马而对所有的旅行社都产生偏见，遇到受骗情况可以向当地旅游主管部门投诉。

関連語句

支线飞机	地域間輸送用旅客機
经济型酒店	エコノミーホテル
一条龙服务	一貫サービス
自驾游	ドライブ旅行
自助游	自由旅行
背包族	バックパッカー
金九银十	9月から10月のハイシーズン
公费旅游	公費旅行
双飞游	往復とも飛行機の旅行
地接	到着空港での出迎え人

コラム

　2000年以降、飛行場の拡充が相継ぐ中国航空市場。2010年の中国国内旅客数は2億6700万人（前年比15.8%増）。"波音"（ボーイング）社の予測では、今後20年間年平均7.9%の伸びが期待され、これをさばくためには4330機の新規需要がある、とも。2011年には同社から200機購入の契約が結ばれましたが、もちろん中国企業も準備を進めています。

　70～100席クラスの"ARJ21"は2011年就航で、すでに大量の注文を受けており、2016年には150～190席の"C919"が就航予定、さらに、290席を見込む"C929"の開発も進んでいます。

　もちろんARJ21やC919の部品はまだ大半がアメリカ製ですが、2011年3月に中国航空工業集団が小型飛行機大手の"美国西锐飞机工业公司"（米シーラス・インダストリーズ）の"全资收购"（完全買収）を発表したように、豊富な外貨を使った企業買収による技術の獲得や自前の開発も進むことでしょう。

練習問題

一 適当な言葉を A～F より選び、（　）の中に記入しなさい。

> A 枢纽　B 成本　C 托运　D 干线　E 航班　F 黄金期

1. 每年冬春季节，乌鲁木齐机场容易受冻雾的影响，因冻雾持续时间很长，雾气难以消散，对（　　　）造成的影响很大。
2. 在这五年的时间里，微软应用软件进入前所未有的发展（　　　），微软操作系统经历了 Win95、Win98 以及 Win2000 等重要转折性操作系统的历程。
3. 航空公司感恩节特惠服务：所有经济舱乘客可以免费（　　　）行李 30 公斤。
4. 交通运输部近日结束"十一五"全国（　　　）公路养护管理工作大检查。
5. 11 月 23 日，中国进口自美国大豆到港（　　　）为 3820 元／吨，较前一交易日涨 16 元／吨或 0.42%。
6. 武汉市在"十二五"期间的发展目标是成为畅达全国、连接国际的综合性交通（　　　）城市。

二 組み合わせが適切となるよう左右の言葉を線で結びなさい。

1. 改革　　　A. 行李托运重量
2. 降低　　　B. 农村生态旅游
3. 提供　　　C. 航空公司成本
4. 减少　　　D. 空域管理体制
5. 促进　　　E. 有序的服务
6. 开发　　　F. 旅游业健康发展

●●研究テーマ例

1. 中国航空業界の再編と課題
2. 中国の国内国際航空網の整備と戦略
3. 中国国内観光の質的変化と観光開発の抱える諸課題
4. 观光孕妇：为了使孩子获得外国国籍，利用旅游签证赴美国生子的孕妇。

文章の日本語訳問題

　　在中国，真正意义上的乡村旅游始于20世纪80年代，它在特殊的旅游扶贫政策指导下应运而生，但由于起步较晚，目前尚处于初期阶段。目前我国各地的乡村旅游开发均向融观光、考察、学习、休闲、度假、娱乐于一体的综合型方向发展，其中国内游客参加率和重游率最高的乡村旅游项目是：以"住农家屋、吃农家饭、干农家活、享农家乐"为内容的民俗风情旅游；以收获各种农产品为主要内容的务农采摘旅游；以民间传统节庆活动为内容的乡村节庆旅游。由此可见，农家乐旅游是乡村旅游的一种形式，它是传统农业与旅游业相结合而产生的一种新兴的旅游项目。我国农家乐最初发源于四川成都，后来发展到整个成都平原，四川盆地，直至全国。真正以"农家乐"命名的乡村旅游始于1987年在休闲之都——成都郊区龙泉驿书房村举办的桃花节。

（来源：KVOV.COM　2011年10月14日）

1. 扶贫政策：就是国家制定的扶持贫困地区经济、社会、生态、文化等各方面综合发展，帮助贫困群众提高综合素质，增加经济收入，提高能力建设的一系列支持措施，主要是以中央扶贫资金投入为引线，以扶贫项目建设为载体，加大贫困地区的综合开发。
2. 成都平原：总面积2.3万平方公里，中国西南地区最大平原和河网稠密地区之一。又称盆西平原或川西平原。位于四川盆地西部。
3. 四川盆地：是中国四大盆地之一；她由连结的山脉环绕而成，位于中国腹心地带和大西部东缘中段，包括四川中东部和重庆大部；总面积约26万平方千米，可明显分为边缘山地和盆地底部两大部分。盆地中的主要城市有成都、重庆、南充和绵阳等，其文化为巴蜀文化。

☞ **お役立ち情報サイト**

中国红色旅游网 http：//www.crt.com.cn/
新华网旅游频道 http：//www.xinhuanet.com/travel/
携程旅行网 http：//www.ctrip.com
国家旅游局官方网站 http：//www.cnta.com/

練習問題の解答

練習一　1. E　2. F　3. C　4. D　5. B　6. A
練習二　1. D　2. C　3. E　4. A　5. F　6. B

第30課 物流

> **概要**
>
> ここ数年、政府は物流の近代化・輸送インフラ整備に取り組むと同時に、製造業者の自家物流のアウトソーシングを奨励したり、物流事業者にM&Aなどによる事業規模拡大を促したり、外資の導入・管理技術の導入を支援したりと物流発展に注力している。しかし、内陸地域から沿海地域への輸送能力・農村部から都市部への農産物物流・宅配事業者のモラル等においてさらなる改善が望まれている。

1 （第12次五ヵ年計画）加快建立社会化、专业化、信息化的现代物流服务体系，大力发展第三方物流，优先整合和利用现有物流资源，加强物流基础设施的建设和衔接，提高物流效率，降低物流成本。

　　第三方物流：3PL、サードパーティロジスティクス　　衔接：連携、つながる、リンクする

2 （農産物物流）要把农产品物流业发展放在优先位置，加大政策扶持力度，加快建立畅通高效、安全便利的农产品物流体系，着力解决农产品物流经营规模小、环节多、成本高、损耗大的问题。

3 （コールドチェーン）对于冷链物流体系而言，虽然只是物流大系统的一个组成部分，但是由于它能有效的连接城乡的消费与生产，能使消费在时间上产生延迟，能较大程度上满足人民生活的需求，世界上很多国家和地区非常重视冷链体系的建设。

　　冷链物流：コールドチェーン物流、保冷流通

4 （陸海複合輸送）巩固和发展海铁联运，从陆地、沿海、海上三方面拓展覆盖面更大、辐射更远的经济腹地，为内地省份提供高效率、低成本的物流通道，可以吸引到更多货源，增加港口吞吐量。

　　腹地：後背地、ヒンターランド　　吞吐量：取扱量

5 （宅配サービス）近日，继上海圆通快递公司、顺丰速运公司提价后，中通快递公司也跟风涨价，快递行业悄悄迎来"涨价潮"。为此，作为快递业"大客户"的电子商务业倍感压力，自建配送体系以对抗快递涨价。

　　跟风：流行（に乗る）、便乗する、同調する
　　快递：速達、宅配便（個人あて宅急便や企業間の特急配達便を含む）

日本語訳例

1 社会化・専門化・情報化した近代的物流サービス体系づくりを加速させ、3PL（サードパーティロジスティクス）を大いに発展させる。既存の物流資源を優先的に整理再編・利用し、物流インフラの建設と連携を強化して、物流の効率を高め、物流コストを低減する。

▶何度も登場している第12次五カ年計画の中の文です。国の計画ですので「〜する」や「〜させる」という表現でまとめましょう。

2 農産物物流業の発展を優先的ポジションに置き、政策支援の度合いを強め、目詰まりを起こさず高効率で安全便利な農産物物流体系を急ぎ築き上げ、農産物物流の経営規模が小さい、仲介が過多、コストが高い、ロスが大きいという問題の解決に注力する。

3 コールドチェーン物流システムについて言うと、物流という大きな体系の中の構成部分にすぎないが、都市と農村の消費と生産を有効につなぐことができ、時間的に消費を遅らすことができ、人々の生活のニーズをわりと大幅に満足させることができるため、世界の多くの国や地域はコールドチェーンシステムの構築を非常に重視している。

▶"由于"は"生活的需求"までかかります。

4 陸海複合輸送を強化発展させ、陸地・沿海・海上の三方面から、カバーする範囲がより広く、より遠くまで影響を与える経済後背地を開拓することは、内陸の省に高効率・低コストの物流ルートを提供し、より多くの貨物を引き付け、港の取扱量を増やすことができる。

5 このところ、上海円通快逓社・順豊速運社が値上げしたことに続き、中通快逓社も同調して値上げし、宅配サービス業界は静かに「値上げブーム」を迎えている。このため、宅配業の「大口顧客」としての電子商取引業者はことのほかプレッシャーを感じ、自ら配送システムをつくり上げることで宅配値上げに対抗する。

アセアンと行き交う物流コンテナ

訳してみよう

1. 打造一批总资产过百亿元的综合型物流总部企业、一批总资产过五十亿的职能型物流总部企业和一批总资产过十亿的成长型物流总部企业。

   打造：創り出す、育成する、設立する、構築する
   一批：一群の、一団の、ひとまとまりの

2. 在西郊地区建一个辐射面广及长三角乃至全国的农产品交易中心，各地特色农产品可在此常年展示直销，并辅之以批发交易和物流配送的强大功能。

   直销：直販

3. 国家发改委的信息表明，我国仅食品行业冷链物流的年需求量就在1亿吨左右，年增长率在8%以上。可以说，我国的冷链物流时代已经到来。

4. 台中到厦门货运直航快速便捷，厦门到苏州铁路运输亦较之江运有量大稳定的优势，"台中－厦门－苏州"海铁联运遂成为企业新的选择。

   江运：長江の水運

5. 鼠标轻轻一点就能下单，最多付个快递费。然而，消费者省力的代价，是把压力都嫁接给了物流。面对规模越来越大的网上购物，物流如何接招？

   鼠标下单：マウスでクリックしてネットショッピングサイトに発注すること
   接招：（相手側の動きに）対応する

関連語句

班轮服务	定期船サービス
散装货轮	ばら積み船
保税物流	保税物流
自有物流	自社物流
业务外包	業務のアウトソーシング
库存周期	在庫回転率
保税仓库	保税倉庫
集装箱船	コンテナ船
集装箱化率	コンテナ化率
多式联运	複合輸送
理货	検数
报关	通関申告をする

コラム

　国内消費市場の育成には"物流网"の整備が不可欠。日本の"批发企业"（卸売り企業）の物流ノウハウも大いに参考になります。しかし、物流網の整備に協力し流通の発展をサポートしようにも、"商标权"の問題、"冷链物流网"（保冷流通網）の不備、さらには物流資材の持ち込み再利用ができず、関連労働法規も不十分など、さまざまな課題があります。

　2009年にスタートした"快递"（宅配）業務営業許可制度。"网购"（ネットショッピング）の発展に伴い急成長し、"快递配送中心"（宅配配送センター）は2010年末で全国2176カ所、"快递服务站"（営業所）数は6万4000カ所と、県レベルの都市を網羅しました。2011年"上半年"（上半期）に遂行した業務件数は15億8000万件、"同比"（前年同比）52.5％増に達しましたが、急成長の業界だけに問題も噴出。"野蛮装卸""分拣扔件"や遅配などに対し不満の声が上がっています。

　2010年上半期の満足度調査では消費者の約3分の1が不満を訴えており、同年、26の省（市・区）で第1回配達員技能検定試験が実施（参加者3万957人）されました。

練習問題

一 適当な言葉を A～F より選び、（　）の中に記入しなさい。

> A 覆盖　B 吞吐量　C 损耗　D 效率　E 快递　F 跟风

1. 截至 11 月 22 日，海口港集装箱（　　　）已累计完成 73 万标准箱，同比增长 29.6%。
2. 每个垃圾桶都配有专用分类垃圾袋，环卫工人每天清运垃圾时，可直接将垃圾袋运走，大大提高了环卫工人的工作（　　　）。
3. 随着网络购物的快速发展，（　　　）成为其不可或缺的"伙伴"。
4. 随着海尔、美的等一批知名家电厂家率先在新浪、腾讯开展"网络微博营销"之后，其他中小型企业也（　　　）开设自己的企业微博。
5. 家居装修时免不了会有很多浪费，对于买房装修负担压力都很大的人们来说，能避免（　　　）就等于是省钱。
6. 今年前三季度，通信企业大力开发市场，努力改善服务质量，使通信和网络（　　　）能力继续保持稳步增强。

二 組み合わせが適切となるよう左右の言葉を線で結びなさい。

1. 大力发展　　　A. 人民生活的需求
2. 有效连接　　　B. 冷链体系的建设
3. 全面满足　　　C. 第三方物流
4. 更加重视　　　D. 城乡消费与生产
5. 自行建立　　　E. 快递跟风涨价
6. 联合对抗　　　F. 配送体系

●●研究テーマ例

1. 中国の物流システム整備と解決すべき諸問題
2. 中国の物流企業と日系物流企業のコラボレーション
3. 中国進出企業に対する日系物流企業の支援ビジネス
4. 云物流：也称"云快递"。指采用直营和加盟相结合的模式，结合电子商务企业的需求，做类似线下商业的物流配送，实践所有的物流功能的服务平台。

文章の日本語訳問題

　　談到世界级零售巨头沃尔玛的冷藏集装箱拼箱运输，人们首先想到的是沃尔玛集装箱干货配送网络一流的效率。从 1995 年以来，由于分布于美国和世界各地超市大卖场食品杂货销售量逐年快速增长，水产品、肉制品、乳制品和速冻食品等日常保鲜食品份额的不断扩大，时刻紧盯全球食品市场动态变化的沃尔玛立即因势利导，扩大投资；沃尔玛计划在 2012 年前再扩大投资 4 亿 -5 亿美元进一步扩充公司内部冷藏集装箱拼箱业务的团队；在优化其干货集装箱运输业务的同时，加快速度延伸其经营管理的冷藏拼箱运输业务在全球覆盖面，其冷藏集装箱拼箱运输模式涉及范围包括远洋货轮、拖轮、集装箱卡车和航空运输。分布于美国和世界各地的沃尔玛社区超市商场中的食品杂货销售区域面积通常不少于 8000 平方英尺。
　　　　　　　　　　　　　　　　　　（来源：教育资讯网 2011 年 11 月 18 日）

1. 拼箱：(Less than Container Load，LCL)。是指承运人（或代理人）接受货主托运的数量不足整箱的小票货运后，根据货类性质和目的地进行分类整理。把去同一目的地的货，集中到一定数量拼装入箱。由于一个箱内有不同货主的货拼装在一起，所以叫拼箱。这种情况在货主托运数量不足装满整箱时采用。
2. 干货：主要指脱水后的食品。
3. 杂货：各种各样的生活日用品。
4. 社区超市：指开在家门口的商店，与大型超市相比，独特的"区位"优势和经营模式给社区超市带来了发展优势。

▶ お役立ち情報サイト

中国物通网 http：//www.chinawutong.com/
全国物流信息网 http：//www.56888.net
华人物流网 http：//www.wuliu800.com/
中国物流产品网 http：//www.56products.com/

練習問題の解答

練習一　1. B　2. D　3. E　4. F　5. C　6. A
練習二　1. C　2. D　3. A　4. B　5. F　6. E

第 30 課　物流

日本語訳例

第1課　人口
【訳してみよう】
1　中国が世界で最初の「高齢化が豊かさに先行する」国家になるだろうと人口学者は心配している。
2　ますます多くの「老人家庭」の出現は、我が国の伝統的介護方法と社会保障システムが今まさに大きな衝撃に見舞われていることを映し出している。
3　もし我が国の2億人余りの流動人口が都市において住宅を買ったり借りたりすることができるのであれば、内需の成長を最大限牽引するだろう。
4　「すねかじり族」とは未就業の大学生が最も耳にしたくない呼ばれ方である。彼らの主な経済収入は家庭のサポートによるものだが、彼らは決してすねをかじりたいと思っていないので、おしなべて「すねかじり」（という言葉）に対しては強烈な慚愧の念を示す。
5　農村人口が都市に向かって移るにつれて、新しく増える都市人口がさらに新しい消費需要をつくり、消費の成長と消費構造の変化を推し進め、連動して先進的サービス業の発展を促し、長期にわたって内需を解放するプロセスをつくり出すだろう。

【文章の日本語訳問題】
　1950年代のベビーブームを経た後、上海市の人口総和出生率は絶えず低下する傾向が現れ、ここ数年はすでに0.7～0.9に低下しており、1993年以降、上海の人口の自然変動は長年連続してマイナス成長となっている。最近数年間、上海市の出生率は0.8前後に下がっており、「極めて低い出生率」の中の極めて低い水準と言うことができ、我々はその人口学の後遺症と経済社会の影響に対する関心を払うべきである。上海の出生率低下は子どもを産むことに影響を与える経済社会の変化と強力な一人っ子政策が共に働いた結果である。収入レベルの上昇に伴い、子どもを産み育てるコスト（特に世話・住宅・医療・教育等のコスト）と機会費用（子どもを養育するのに使われる時間、あるいは仕事を放棄することによるオポチュニティロス）が絶えず上昇し、若い夫婦の子どもを産もうとする意欲や結婚率が下がり、子どもをもうけないと自ら選択するDINKS家庭の数が増加した。この数年来、若い夫婦が子どもをもうけない比率も上昇中である。その一方、一部の夫婦の2人目をもうけたいという願いは、一人っ子政策のために叶わず、人為的にも出生率が下がっているのである。

第2課　経済状況
【訳してみよう】
1　国内の通貨政策が引き締められ、輸出需要が緩んだため、中国の第3四半期の国内総生産（GDP）は前年同期比9.1％増と市場予想の9.3％に及ばず、また第2四半期の9.5％よりはるかに低く、2009年以降最も低率の成長となった。
2　2011年ニューリーダー年次会議（夏季ダボスフォーラム）において、最近広く横行する中国経済ハードランディング論は国内外から参加した多くの来賓よりさほど賛同を得られなかった。
3　現在、我が国の経済成長の全体状況は良好である。経済成長は政策による刺激から自力成長に秩序だって転換し、引き続きマクロコントロールが期待する方向に発展している。
4　11日、人民元の対ドルレート仲値は6.3483をつけ、初めて6.35の大台を突破し、人民元為替レート改革以来の新高値を記録したため、中国大陸から来ている多くの商品価格は方々で上がっている。
5　豚肉価格は7月に「見せかけの値下がり」をした後、8月には週を追うごとに値を上げ始めた。値上がりをリードする豚肉以外に、野菜価格は下げ止まり反騰、卵と食用油価格の上昇の勢いは加速、食糧価格は値上がりトレンドが継続している。

【文章の日本語訳問題】
　我が国の輸出の多くは労働集約型製品で、科学技術の要素が少なく、人民元高は我が国輸出商品価格の上昇をもたらし、このことが商品の価格競争力を弱め、海外でのマーケットシェアを低下させることとなるだろう。同時に、人民元高は米国製品の我が国市場における価格を低下させ、輸出

拡大に有利となり、国内の高い失業率を緩和し、そのうえその貿易赤字を是正することに対し幾分助けとなり、その結果中国の外貨準備を大きく減らすだろう。中国が保有する米ドル外貨準備高は世界第1位である。米国は米ドルの大量発行を通じて人民元高をもたらすので、我が国の米ドル外貨準備高を大きく減少させ、我が国の経済安定に不利であり、その結果中国が保有する米国国債を大幅に減価させている。7月末時点で我が国が保有する米国国債の残高は8467億ドルで、米国債の海外における最大の保有国である。よって米ドルの大幅な値下がりは中国が保有する米国債を大幅に減価させ、中国の資産を国外に流出させる。

第3課　開放政策
【訳してみよう】
1　商務省が公表したデータは次のようなことを示している。1～8月に外国企業が投資して新しく設立した企業は1万8006社で、前年同期比7.68％増えた。実際に使われた外資額は776.34億米ドルで、前年同期比17.71％増えた。
2　国務院は今年の3月24日に汕頭（スワトウ）経済特区の範囲を全市に拡大することを承認し、5月1日より正式に実施するとした。今回の拡張で汕頭特区が市全体の2064.4km²の土地をカバーすることとなり、特区の面積は9倍弱増える。
3　外国投資家自身が持っている工業所有権・ノウハウあるいは高度な新技術の成果については、無形資産として出資企業に投資することができる。
4　西部地区の外資系銀行が徐々に人民元業務を行うことを許可し、外国企業が西部地区で関連規定に従って電信・保険・観光業に投資することを許可する。中国資本と外国資本の合弁の会計士事務所・工事設計会社・鉄道輸送と道路輸送の貨物運送企業・都市行政関連の公益企業とその他のすでに開放を約束した分野の企業を興す。
5　中国政府は今までどおり積極的に対外開放を推進する。また、関係国が対等に産業の参入を緩和し、市場と技術開放の度合いを強め、外資審査に対する透明度を高めることで、より積極的姿勢で中国企業の投資に対応して欲しいとも望む。

【文章の日本語訳問題】
　深圳は中国で最初の経済特区であり、最も良く発展した経済特区でもある。鄧小平氏による当時の南巡講話も深圳に力強い足跡を残した。深圳における改革開放の実践と総括された貴重な経験は、中国の社会主義市場経済の構築を直接的に促し、中国改革開放のプロセス全体を力強く推進した。深圳は中国の改革開放の窓口や実験の場で、改革開放の前線基地であり、その位置づけに疑いの余地はない。深圳の改革開放の進展の歩みは、中国の改革開放進展の軌跡を充分に表しており、それは中国改革開放進展の縮図である。深圳の30年近くに及ぶ改革開放の進展は物質文明と経済建設において大きな成果を得ただけでなく、精神文明と文化の面でも同じように注目すべき成果を挙げ、全国の各姉妹省・姉妹都市に参考にできる貴重な経験を提供した。深圳は引き続き改革開放の模範としての重責を担い続け、自分自身が絶えず発展すると同時に西部の貧しく遅れた地域に対する支援の度合いを強め、協調発展を実現し、共に豊かにならなければならない。

第4課　企業改革
【訳してみよう】
1　企業の優勝劣敗の競争メカニズムをつくり上げる。合併の推奨・破産の規範化・リストラ配置転換・人員削減効率アップ・再就職プロジェクトを実施する。各方面の力に頼り、就職のルートを拡大し、国有企業をリストラされた従業員の基本的な生活を保障する。
2　政府は民営企業に、出資・持ち株・資産買い上げ等の多様な方法を通じて国有企業の変革再編に参加するよう導き促し、条件を有する民営企業を統合再編などの方式でさらに実力をつけるようサポートする。
3　2010年12月22日、業界で「中投二号」と称される3社目の国有資産経営管理会社——中国国新控股有限責任社が正式にスタートした。
4　2010年、商業・貿易に携わる19社の中央企業は市況が回復し、大口商品の取引量と価格が一緒に上がる有利な機会を捉え、科学・工業・貿易の一体化への転換と産業構造調整を加速し、経営実力と経済利益双方での迅速な成長を実現した。

5　国有資産監督管理委員会が社外取締役を選考招聘する場合、国内外の著名な専門家・学者・企業家を特別招請すること、中央企業の関係者から選ぶこと、社会一般から公開選考招聘することができる。

【文章の日本語訳問題】
　当面の国有企業改革で差し迫って解決を要する問題は、企業の所有者と経営者の間の関係である。一方では2者の利益関係の問題であり、もう一方では2者の役割変化の問題である。企業の所有者と経営者間の利益関係は、株主資本の増加値を指標として利益の配分を行うことを通じて解決できる。具体的に言うと、経営者（社長あるいは企業に加わる技術革新の知的財産権所有者）は所有者権益（株主の権利）を直接獲得するのではなく、株主資本が増加するその一部の利益を企業所有者と分配する。例えば、資産が1億元の企業において、経営者の1年の努力を経て、企業の株主資本が2000万元増加したとすると、一定の比率に従ってこの2000万元の一部分を経営者の労働報酬（給与を含む）として受け取ることができる。支払いは一部を現金とし、一部を換算した企業の株式とする方式を採る。

第5課　対外貿易
【訳してみよう】
1　粗放型輸出成長方式が根本的に変わっていない問題、資源と環境の制約が日増しに顕著になっている問題、企業のコアコンピタンスが強くない問題等が、自動車製品輸出の健全な発展を甚だしく妨げている。
2　商品貿易と比較すると、中国のサービス貿易もほんの少し及ばない。サービスの輸出の成長速度はちょっと鈍り、年平均17.5%となりそうだ。
3　先進国のメンバーと発展途上国のメンバーの食い違いが深刻なため、2001年に始まったドーハラウンド交渉は長い時間を経ているがいまだに膠着状態に陥っており、交渉の中でかつて多くの期限を設定したが、いずれもすでに逃している。
4　米国の太陽エネルギー電池パネル製造メーカー7社が訴えを起こし、中国が米国に輸出する太陽電池パネルに対し、制限を加えるよう、そして100%を超えるアンチダンピング関税を徴収するよう米国政府に要請した。
5　CIF価格条件下の売主にとっての貨物受け渡し地点は荷揚げ港ではなく、船積み港である。これは象徴的受け渡し価格タームの典型である。

【文章の日本語訳問題】
　ある研究は次のようなことを明らかにしている。アップル社の携帯電話1台の卸値は178.96米ドルで、そのうち、日本・ドイツ・韓国は関連の部品製造を通じて、それぞれ34%・17%・13%の取り分を得ているが、中国は最終組み立てで3.6%、約6.5ドルの取り分しか得られない。しかしながら、現行の貿易統計方式のもとでは、携帯電話まるまる1台178.96米ドルの卸値は全て中国の輸出として記録されてしまう。税関統計によると、今年の第1～第3四半期、我が国の対外貿易における輸出は1兆3922億7000万ドル、輸入は1兆2851億7000万ドルで、貿易黒字は1071億ドルだった。一般の人が見ると、貿易黒字がどれくらいあるかということは、我々中国が対外貿易からどれくらい「儲けた」かということを意味する。しかし、事実は本当にそうなのだろうか。先日、商務省と世界貿易機関が共同開催した討論会において、多くの業界関係者が、従来の国際貿易の統計方法が現在の貿易の本質を著しくゆがめており、「統計は中国に、利益は外国に」といった奇怪な現状をもたらしていると指摘した。我が国の巨大な貿易黒字は国際貿易の現状を実際の通り反映できていない。

第6課　対外投資
【訳してみよう】
1　今年に入ってから米国で上場している中国企業は、一部の中国企業の会計規則違反等の信認問題のために海外資本の袋だたきに遭い、株式時価総額の縮小が甚だしい。
2　インフラがおしなべて不足しているため、現在中国企業が海外で投資した鉄鉱石の採掘コストは全体的にかなり高く、しかも3大鉱山の採掘コストより明らかに高い。
3　世界的な金融危機の蔓延により、かつて人々に羨まれた多くの国際的に著名なブランドが、今

ではもう「いとも簡単に手に入る」。
4　ロードショーの1日前でさえ、販売の利益を考える受託販売人や上場業務の利益を考える上場支援チームの中で、かなりの人たちが海輝社に上場時期を延期するよう提案している。
5　外貨準備をどのように認識し、為替レート制度の観点から通貨政策の効果をあげる方法を探ることが、人々がかなり関心をはらう問題となった。

【文章の日本語訳問題】
　　第110回中国輸出入商品交易会（広州交易会）における取材で、ギフト用品・家具等の労働集約型産業の欧米向け輸出注文が減少し、これらの産業が欧米経済の不景気の影響をかなり受けていることをはっきり示していると知った。「労働集約型産業は粗放的成長方式を転換しなければならず、同時にそれに対応する政策サポートも必要で、産業や就職に対し大きすぎるショックを引き起こすことを避ける必要がある」と専門家は考えている。山東曹普工芸社のデザインスタッフは、次のように述べた。今年、会社の家具の受注総量は例年と大差ないが、その中で欧米顧客からの注文が50％余り減り、日本・韓国などアジア諸国の購入量が増えた。それから、短期スポット注文・小ロット注文が明らかに増えた。以前、顧客の発注は、2月から5月までずっと連続して発注するとか、年初に発注されたものを年央まで生産手配できるというように、注文はかなり連続していた。現在は、1回発注があると、その後1、2カ月はまた注文がなくなってしまう。去年、ある顧客が10月に1000万元の注文を出した。今年、この顧客は1回発注しただけで、その中身はコンテナたった1、2個分だった。今年の秋の交易会は明らかに春の交易会より閑散としている感じだった、と。
　　専門家は、労働集約型産業の輸出見通しに対して懸念を表している。

第7課　労働
【訳してみよう】
1　「労働契約法」の第35条は、使用者側と労働者は協議して意見が一致すれば労働契約の内容を変更してもよい、と明確に規定している。労働契約の変更は書面形式を採るべきである。
2　従業員が在籍する雇用側がもし法律通り労災保険料を納付しておらず、労災事故が発生した場合には、雇用側によって従業員の労災保険相当が支払われる。
3　出稼ぎ農民労働者がたとえ大都市で安定的な仕事を得られたとしても戸籍問題が解決していない場合、彼らは戸籍と連動する関連の権利や社会保障を得ることができず、本当の意味で大都市に定着することはできない。
4　珠江デルタの労働者不足は200万人に達したと報道されており、たとえ企業が大幅に給料を上げても従業員募集困難という苦境にやはり直面するだろう。
5　国家公務員試験の人数が急拡大したのは、主に受験者が皆お役所で働き、高い給料をもらいたいからなのだ。本当に皆を殺到させているのは実は安定であり、安定への期待であり、安定の裏側にある高福祉である。

【文章の日本語訳問題】
　　「労働者不足」現象の発生には深刻な原因がある。1つ目は、労働力総量の需給構造が変化し、農村の余剰労働力が明らかに減少していること。2つ目は、新世代の出稼ぎ農民が仕事環境・福利厚生・成長機会・文化的生活に対し、より高い要求を持つようになったこと。3つ目は、中西部地域による労働集約型産業移転の受け入れが加速しているが、東部地域の産業高度化が遅すぎ、単純作業を行う労働力の需要増大を引き起こしていること。4つ目は、出稼ぎ農民が東部地域と中西部地域で就業した場合の収益格差は徐々に縮小しているが、生活コストの差と幸福感の差はますます大きくなり、多くの出稼ぎ農民は地元での就業・起業を選択していること。5つ目は、一部の企業に給与待遇が低い、成長見込みが不確定、管理が行き届いていない、従業員の合法的権益に対する保護が足りない、公共サービスが欠けているなどの問題が存在し、出稼ぎ農民の流失を激化させていること。6つ目は、職業技能の教育・訓練が足りていないのに、企業が進める構造転換・高度化において技術者に対するニーズが急速に増していることである。

第8課　経理　財務
【訳してみよう】
1　新しい会計準則は中国において業種間を跨ぐ財務諸表の比較可能性を高め、そのうえ海外投資家が中国企業の財務諸表を分析し理解することを助けるので、中国企業は国内外の投資家に対し、より魅力を有するだろう。
2　貸借対照表に前期期末の数字が列記されているとき、「比較貸借対照表」と呼び、株主の権利と密接に関係するいくつかの独立企業の貸借対照表に基づき、ひとまとめにして作成した貸借対照表を「連結貸借対照表」と呼ぶ。
3　収入を関連する費用・損失と対比し、決算し純利益を出すこの過程を、会計上、費用配分と呼ぶ。
4　もし企業の現金のネット増加額が主に資金調達活動によりもたらされたものである場合、それは企業がより多くの利息あるいは配当を払うことを意味しており、将来のキャッシュフローのネット増加額がより大きくなって初めて返済のニーズを満たすことができる。そうでないと、企業は多分かなり大きな財務リスクを受け止めることとなる。
5　納税者に発生する、その経営業務と直接関係する業務招待費が以下に列挙する規定比率の範囲内の場合は、実額に基づき控除できる。1年間の純販売（営業）収入額が1500万元およびそれ以下の場合は、純販売（営業）収入額の5‰を超えない範囲。1年間の純販売（営業）収入額が1500万元を超える場合は、当該部分の3‰を超えない範囲。

【文章の日本語訳問題】
　『経済参考報』の報道によると、中央政府機関の公務接待の年間費用は14億元を超えているが、まだ完全に公開されていない地方の公務接待費用は計算のしようがなく、これが「三公消費（訳注：飲食費・公用車費用・海外出張費の3つ）」の横行を映し出す鏡となっている。今まさに、公務接待腐敗という宿痾の治療は待ったなしになっており、専門家も色々な「処方箋」を出している。8月9日の時点で、すでに94の部門が「三公」費用を公開した。記者は数字をつき合わせ、すでに公開された「三公」費用のうち、この世界で疑われている公用車購入費とその運行費用が「三公」費用の6割以上を占めていること以外に、公務接待に用いられた費用は14億3799万2000元にも達しており、一方、財政省が公表した中央政府機関の「三公」費用の財政支出予算の中で、公務接待費は15億1900万元という高額に達していることを発見した。しかし、人々を驚かせる一つ一つの公務接待費用データの裏側はどんぶり勘定のようなものなのだ。政府職員から専門家まで一人としてその中身の大まかな数字を言うことができず、関連部門も単にデータに対し漠然と解釈しているだけである。実際、巨額の公務接待費が疑問視されたのはずっと以前からのことなのだ。

第9課　インフラ投資
【訳してみよう】
1　特に「着工したものは完成するまで、必要とされるものを先に建設、完成したものは他の交通網との一体化を図る」という原則の下、新しいプロジェクトの審査・許可が「困難を重ねる」だけでなく、かつて一度大々的に進められた都市軌道建設も少なからず冷めてしまった。
2　我が国でバイオマスエネルギーを開発する関連の技術条件や法的枠組みはすでに整っているが、農村のバイオマスエネルギーを発展させることは技術研究開発コストが高い、投資リスクが大きい、エネルギー使用価格が高い等の市場の壁に直面している。
3　中国石油天然ガス集団はここ数年の探査・開発を経て、タリム・長慶・西南・青海の4大天然ガス産出エリアを形成した。
4　2010年末現在、我が国のインターネットユーザー数は4億5700万人まで増加し、史上最高記録を塗り替えた。全国100％の町村にインターネットが通じた。全国の携帯電話ネットユーザーの規模は3億人を超えた。
5　中国電信集団は、今後3年内に全国の県レベル以上の都市のブロードバンドネットワークの光ファイバー化実現と、3級以上の都市の4M以上のアクセス実現を計画している。

【文章の日本語訳問題】
　全世界で高速鉄道ブームが起こっており、各国政府は競って高速鉄道を建設することで経済の繁栄を促そうとしている。ヴィクトリア時代、鉄道は確かにイギリスを繁栄・発展の黄金時代に導いた。現在、先進国の政治家たちも、そうした時速250マイル（400キロメートル）を超すことのできる新型高速列車が、同じように人類を新しい黄金時代へ導くことを望んでいる。しかし、高速鉄道はその支持者たちが予想するような広範囲な経済利益をほとんどもたらすことはできない。イギリスの雑誌『エコノミスト』に最近載った文章は、各国の政界関係者に、高速鉄道に大規模な投資をする前に必ず熟慮するよう、特に、この先進的交通手段に深く迷いこんでいるイギリス政府はこの件に対し改めて念入りに検討するよう注意を促している。文章は次のような非常に風刺のきいた例も挙げている。1830年、リバプールからマンチェスターまでの鉄道が開通したときに、1人のイギリス政府職員が自分に向かって走ってくる汽車に気づかなかったためはねられて死んでしまった、と。

第10課　住宅
【訳してみよう】
1　銀行ローンの分割式支払いを選択する場合、年齢とローン年限の和が男性は60を超えてはならず、女性は55を超えてはならない。安定した合法的な職業と収入源を持ち、毎月の支払い額が月収の50％を超えてはならない。
2　この額の大きさは、保障性住宅建設を力強く後押しする。これは分譲住宅を買うことができず自分で住宅問題を解決できない申域の貧困家庭あるいは中低所得層の家庭の人に対しては疑いもなく福音である。
3　住宅価格が高く、値上がりが速すぎ、住宅難はここ数年来多くの庶民が不満を言い、関心を払っている問題である。
4　2011年2月に至るまでに、すでに36都市が購入制限をうち出した。新規の住宅購入制限都市は倍の72に達するだろう。2011年8月17日、住房城郷建設省は地方都市の購入制限基準を通達した。

5　国家発展改革委員会の語気は相当に厳しく、経営者が「分譲住宅販売の正札表示規定」に従わずに行った行為を見つけた場合には、一件一件必ず取り調べ、厳正に処分し、かつ公開し、ほかの者への戒めとする、と表明した。

【文章の日本語訳問題】
　1998年の住宅の商品化改革のとき、国務院は、低所得者向け住宅を主とし、賃貸と分譲の2本立てとする供給システムを急ぎつくり上げるよう各レベルの行政機関に要求した。しかし低家賃住宅制度の構築は責任不明確・資金源欠如等の問題のため、ずっと実質的な進展がなかった。地方政府にとっては、低家賃住宅の建設は財政と政治的業績にメリットがなかった。特に土地譲渡において入札オークションを行う今日、低家賃住宅建設は土地譲渡金収入を減らしてしまう。不動産デベロッパーにとっては、もうけにならないため反応は冷ややかだった。
　2006年、商品価格が急上昇し、低所得者用住宅建設制度に広く疑問が提起される中、低家賃住宅建設を強化するよう求める声はますます高まった。その年、国務院は条例を公布し、土地譲渡のネット収益の部分を一定の比率に従い低家賃住宅制度構築に使い、そのうえ低家賃住宅建設に参画するデベロッパーに銀行貸し付けの便利を提供するよう、地方政府に要請した。現在の実行状況から見ると、現有の低家賃住宅数量は条件に合致する全ての人々をカバーできていない。基準が低すぎるため、借家基準外へ排除された大量の人々は依然として住宅を購入する力がない。

第11課　社会保障
【訳してみよう】
1　国の統一規定に従い、基礎年金の基準は毎月1人55元と決まっている。保険料納付が15年を超えた者には1年を超過するごとに1％の基礎年金を加算支給する。基礎年金は政府が負担する。
2　全国で農村最低生活保障制度が打ち立てられている。このことは、もともと一部の省・市だけで試行されていた農村最低生活保障制度が全国に広まってきていることを意味している。
3　社会福祉政策の目標は貧困の克服から社会排

斥を取り除くことへの転換を実現しなければならないことである。

4 職場は、1つの組織として、多すぎる社会サービス機能を徐々に切り離し、ますます劣化して単なる仕事の場になり下がっている。

5 在宅介護サービスステーションは、介助を必要とする老人のために掃除・炊事・食材買い出し・洗濯・買い物・看護など有償の協力サービスを提供することで、「中高年」スタッフは自宅近くで再就職を実現することになる。

【文章の日本語訳問題】
　出稼ぎ農民の社会保険制度の構築と実施はまだ模索段階にあり、実践の中で存在する問題と矛盾が徐々にさらけ出され、それらは主に次のようなところに現れている。第1に、現行の都市就業者社会保険制度は出稼ぎ農民の特徴に合致しないということ。現行の都市社会保険納付額比率は高すぎ、出稼ぎ農民の収入水準が低いという特徴に合致していない。例えば、広州市の出稼ぎ農民の月給は1000元足らずで、彼らは年金保険に加入するだけで、毎月100元を納める必要があり、月給の10%前後を占めることとなる。出稼ぎ農民には流動性が高いという特徴がある。労働社会保障省の関係調査資料によると、1つの職場で満3年以上働いているのは、都市出稼ぎ農民の20%～30%しかいない。現在進めている年金保険基金地域統一計画と、出稼ぎ農民の省・区を跨ぐ流動には激しい矛盾が存在し、出稼ぎ農民が職場を変えると年金保険関係を移すことができず、たとえ一部のものを移すことができるとしても、時間がとられ金がかかり根気のいる作業であり、出稼ぎ農民が本当に安心な老後を得るのは難しい。第2に、出稼ぎ農民の社会保険加入率が低いこと。第3に、出稼ぎ農民の社会保険脱退率が高いこと。

第12課　環境保護
【訳してみよう】

1 市場が深化するにつれ、グリーン投資はただ単に環境保護企業に注目することから、徐々にクリーンエネルギー・新興産業・良好な環境保護にしっかり取り組んでいる上場企業へとすでに移り始めている。

2 省エネは技術を使ううえで実際的かつ信頼でき、経済的に実施可能かつ合理的で、環境と社会が共に受け入れられる方法であり、エネルギーを有効に利用し、エネルギーを用いる設備あるいは製造技術のエネルギーの利用効率を上げる。

3 むだのない発展・クリーンな発展・安全な発展を堅持しなければ、経済の良好で速い成長は実現できない。

4 重点投入を実行し、地域内の土壌流出に集中して対処し、そのスピードを加速し、傾斜面の耕地を森林に戻す作業を優先的に手配し、森林保護のために伐採を禁ずることを主として、森林適地の造林緑化のプロセスを加速する。

5 目下のところ、各国が絶え間なくダーバン会議への準備をしていることから見ると、気候変化に対応し、低炭素発展を実行することはすでに世界が注目する焦点と世界各国のコンセンサスになっている。

【文章の日本語訳問題】
　省エネ・排出削減の重要性は次の通りである。産業革命以来、世界各国、特に西側諸国経済の急速な発展はエネルギー資源の大量消費を代価としたもので、なおかつ生態環境が日増しに悪化することを引き起こした。関連の研究は、過去50年の世界の平均気温上昇の原因は、90%以上が人類の使用する石油などの燃料が生み出す温室効果ガスの増加と関係があり、このために一連の生態系危機を引き起こしていることを明らかにしている。エネルギー資源を節約し、生態環境を保護することは、すでに世界の人々の普遍的共通認識となっている。生態環境を保護することについては、先進国はより多くの責任を担わなければならない。発展途上国も後発の強みを発揮し、先進国が歩んだ「まず汚染、それから対策」という古いやり方を回避しなければならない。我が国にとっては、省エネ・排出削減任務をさらに強化することは、人類社会発展の規律認識に対する絶え間ない深化でもあり、そのうえ世界の気候変動に積極的に対応する差し迫ったニーズでもある。省エネ・排出削減は、責任を全うする大国のイメージをつくり上げ、新しいタイプの工業化への道を歩む戦略的選択である。

第 13 課　企業の社会的責任
【訳してみよう】
1　ミツバチ型企業にとって、企業の生産・経営のプロセスは、自分のために経済的利益を生み出すうえ、社会のニーズも満たす。企業は社会的責任を履行することを通じ、環境・社会と調和のとれた関係を築く。
2　乳幼児用粉ミルク事件は、乳製品業界がここ数年急速に発展し、急いで成果を出そうとした結果であり、一部の企業の企業道徳・企業倫理・社会的責任が欠如した結果である。
3　交通銀行は一方で質の良い金融サービスプランを提供することを通じ、顧客価値を高めつつ、一方で従業員と株主の共生メカニズムを絶えず整備し、株主価値と従業員価値を高めている。
4　「中国ベスト100企業の社会的責任発展指数」に基づき、中国企業の先兵としての中央企業がリード役をつとめ、社会全体の企業が社会的責任を実行する模範となった。
5　調査結果は、中国の乳幼児用食品業界においてハインツ社がすでに大衆の心の中で最も理想的で最も責任ある乳幼児食品メーカーになっていることを明らかにした。

【文章の日本語訳問題】
　　John Culver が見るところ、パートナー・地域コミュニティ・顧客・高品質コーヒーがスターバックスのビジネスモデルにおいて最も重要な4つのキーワードである。「パートナーの面においては、我々は最も良い従業員を使い顧客に対しサービスをする。地域コミュニティの面においては、我々は地域コミュニティのためにプラスの効果をもたらす。顧客の面においては、我々は顧客に日々いつでも完璧なスターバックス体験を享受してもらう。最後に我々は決して品質に対する要求も緩めず、ただ世界の3%に当たる最も良い品質のコーヒーの購入・焙煎にこだわっていく」。スターバックスは、その全ての従業員を「パートナー」と呼んでおり、時には本来広告に使う多くの予算を従業員の福利厚生に使うこともある。スターバックスにおいては、パートタイマーであれ正社員であれ、皆、コーヒー豆株式を獲得するチャンスがある。この「コーヒー豆株式計画」という従業員インセンティブは従業員が会社の成長を分かち合えるようにするものだ。もう一方では、スターバックスの地域コミュニティサービス計画は全て各地のスターバックス従業員が積極的に参加しているものだ。地域コミュニティサービス活動は、一方で地域コミュニティとの連帯感を強め、同時に知らず知らずのうちに従業員の報恩意識とサービス意識を培いつつある。

第 14 課　知的財産権
【訳してみよう】
1　知的財産権の保護は良好な貿易・投資と公平な競争環境を守るための客観的ニーズであり、良い「ソフト環境」を保つ重要な内容である。
2　戦略的新興産業は経済社会のあらゆる局面と長期の発展に対し、重要な先導的役割を有しており、知識と技術を集約し、物質資源の消費が少なく、潜在成長力が大きく、総合的な効果のある産業である。
3　特許権者が中国のパートナーと合弁企業あるいは合作経営企業を設立し、そのうえ特許権を当該合弁企業あるいは合作企業に譲渡する場合、その譲渡費は換算されて特許権者の出資と見なすことができる。
4　義烏市などの問題は、外国企業を含む多くの会社が相変わらず偽物の悩みに直面しており、ただWTOの規則・規制に頼ることも非現実的だということを示している。中国の偽物取締りの任は重く道は遠い。
5　現在、海賊版のルートは多く、密輸、違法な地下工場での生産、時には一部の出版社も偽の「正規版」オーディオ・ビジュアル製品を生産しており、防ぐに防ぎきれない。

【文章の日本語訳問題】
　　全国の知的財産権部門は重点地域・重点分野・重点ポイントの集中検査と特別取締り活動を強化し、12330の知的財産権擁護サポートと通報・クレーム提起電話の役割を充分発揮し、地域や部門を超えた法律執行の協同メカニズムを運用し、グループによる、繰り返し行われる、悪意の権利侵害偽造事件に対する法律執行処理能力を強化して法律を執行する作業効率を高めた。同時に特別活

動は大規模イベントと展覧会での秩序を力強く擁護した。国家知的財産局と関連部門は密接に協力し、合同で広州アジア大会・深圳スポーツ大会の事前の知的財産権保護作業を展開した。このほか特別活動の展開は、社会に知的財産権保護の望ましい気風をつくり出した。全部門は法執行による取締りと宣伝教育を互いに結びつけ、記者会見の開催・宣伝資料の印刷配布・特別欄開設・TV広告と公益広告の作成・知的財産権関連の読み物の作成・ミニブログ開設・公益ショートメールの送付など多くの方法で採用し特別活動の進展と知的財産権保護活動の成果を宣伝・報道し良好な宣伝効果を得た。

第15課　銀行　保険
【訳してみよう】
1　株式市場内のデリバティブ商品市場を大いに発展させ、時をはずさず株価指数先物を世に問い、監督管理経験とリスクコントロール経験を蓄積し、幾層もの資本市場を開発して、我が国の金融市場の国際競争力を絶え間なく高めなければならない。
2　国内のCPI（消費者物価指数）は反落傾向となり、世界の主要経済体は依然として低い利率を維持し、そのうえ再度資金緩和の可能性がある。中投証券も9月利上げの確率はかなり低いと予想している。
3　中央銀行が一気に統制を緩和するはずはなく、商品のイノベーションや利率変動範囲内で一歩ずつ緩和する方式を通じて商業銀行の決定権を徐々に拡大し、最終的には利率の完全な自主決定を実現すると、我々は考えている。
4　生命保険は人々のために老後・医療・不慮の事故などの色々なリスクに対する保障問題を解決し、人々は若いときに年老いたときの準備を、上の世代の人は次の世代の人のための準備をすることができる。
5　銀行キャッシュカードの口座番号と暗証番号はなおさらいかなる人にも教えてはなりません。0元の保険ですから、支払い暗証番号などの情報に関わることはありません。もしも先方があなたにこの種の情報を強く要求するようでしたらば、恐らく不法の輩に出くわしたということです。

【文章の日本語訳問題】
　人民元為替レート改革は株式市場にどのような影響があるか。国内外の株式市場は皆、人民元為替レート制度改革の推進により、あれこれ考える余地をもたらした。中国では、消費関連と金融業界に関係する株式が大いに注目され、もし実体経済にまだ為替レートの影響を受けた変化が現れていないのであれば、株式時価総額全体が上昇する可能性は十分存在する。庶民の資産効果は不動産市場から株式市場に向かうだろう。欧米では、人民元切り上げ期待により、国際金融市場の資金構成に質的変化が起こり、一方では欧米経済には「中国効果」による牽引があり、大きな転換への期待が現れ、欧米の株式市場も絶えず上昇するだろうと予想される。もう一方では、国際資本が中国とアジアに向かって流動し、米ドルのバブルとユーロ下落の圧力を緩和するだろう。短期的には、時には企業と個人に対する米国金融業の貸付行為の再開を推し進めるだろう。もしも米国の企業と個人の投資・消費行動の回復を促すことができれば、この積極的意義はたぶん非常に注目に値するものとなろう。なぜなら中国企業の輸出能力の回復に対しても軽視できない積極的意義が生まれ、時には為替レートの上昇がもたらすマイナスの影響を相殺できるからだ。

第16課　証券業
【訳してみよう】
1　企業が上場目標を固めた後、外部への働きかけの実務の段取りは次の通り。関連の仲介機関の選任・株式制への改造実施・会計監査および法律面の調査・証券会社のガイダンス・発行申請レポート・株式発行および上場等。
2　57社の上場企業の流通株株主トップ10の名簿に私募ファンドが新しく入ったが公募ファンドが抜け、新しく入った私募ファンド株式数量の4割を占めた。他に7社の上場企業では私募ファンドが抜けたが公募ファンドが新しく入った。
3　簡単に言えば、株価に影響を与えしかも未公開の情報のことだ。インサイダー情報は2つの大きな特徴を有している。重大性と非公開性だ。
4　長期投資は、るいとうファンドが財産蓄積する最も重要な原則で、長期投資を堅持できなけれ

ば、るいとうファンドの買い入れコストを平準化し複利増殖する効果を十分に発揮できない。

5 上海株式指数は昨日、成約量の緩やかな拡大があり2400ポイントを回復し、相場の反発がすでに広がったが、力強さについてはまだ観察の余地がある。午後の上昇の多くは香港株式上昇に連動したものであり、A株が本当に独立した相場形成に踏み出せるよう望んでいる。

【文章の日本語訳問題】

　今年は下半期に入ってからマーケットはおしなべて下落しており、国内のCPI指数は高止まりし、海外のマーケットがヨーロッパ債務危機の影響を受け、輸出の減少を引き起こした。しかし最近のデータによると、9月のCPIは前年同期比6.1%上昇したものの、8月の6.2%と比べると、さらに下がっている。10月以来、農業省が公表した食品価格指数には明らかな反落が現れており、石油価格の下方調整も非食品価格を下押しするだろう。残存効果の急速な消滅に伴い、インフレの下火傾向はすでに基本的に固まり、マクロのファンダメンタルズは継続して下降、輸出入の成長率は大幅に下落し、通貨引き締め政策もすでに著しい効果を見せており、今からさらに引き締める可能性はかなり低い。同時に最近EUは問題解決の切迫感を持ち始めたので、今後3カ月、ヨーロッパ債務危機はたぶんいくらか緩和され、金融市場が沈下するリスクは減少し、A株の外部環境は幾分好転するだろう。上述した要因に基づき、アナリストは、現在国内外の政策と経済環境は短期間にいくらか好転し、国内の政策の方向性はかなり固まり、海外の危機はいくらか緩和され、中長期の経済は引き続き成長速度を緩めると見ている。国内において緊縮政策に根本的変化が起こらぬ状況下、国内市場でトレンド的な反転はまず起こり得ないが、最もひどい時期は基本的に過ぎ去った。

第17課　新エネルギー産業
【訳してみよう】

1 国家エネルギー局は新エネルギー都市の建設を第12次五カ年再生可能エネルギー計画に組み入れ、100の新エネルギー都市と1000の新エネルギーモデル地区を建設し、新エネルギー技術を都市の中で大規模化して使うことを進めようと計画している。

2 「もちろん、原子力発電を発展させるには安全を確保しなければならない」。福島原発事故も、より安全で信頼できる原発技術を早く生み出すよう促しているし、中国は将来必ずや世界最大の原発市場になる、と張国宝氏は強調した。

3 もうすぐ発表される「再生可能エネルギーの『第12次五カ年』発展計画」の中において、太陽エネルギー発電設備容量の計画目標は、たぶん1500万キロワットに調整されるだろう。

4 「現在、国家電網としては充電スタンドと充電ステーションの建設を大いに進めようとしている。商業化のための条件はまだ成熟していないが、今は、ムードづくりをしている。我々はコストにこだわらなくてよいのだ」

5 従来のバイオマスエネルギーと小・中・大型の水力発電所を伝統的再生可能エネルギーと称し、太陽エネルギー・風力エネルギー・先進的バイオマスエネルギー・地熱エネルギー・海洋エネルギーを新型の再生可能エネルギーと総称する。これが新エネルギーの主要な構成要素である。

【文章の日本語訳問題】

　日本の福島原発事故後、世界中で反原発運動が続いている。ドイツの4大都市では20万人近い人が反原発デモに参加した。デモ参加者は、「福島の警告。全ての原発を停止せよ」というスローガンを高くかかげ、現有する国中の17基の原発を永久的に停止するよう政府に要求した。日本やフランス各地でも大規模な反原発デモがまき起こった。日本の福島原子力発電所事故は全人類に原子力の安全に対する戦慄を引き起こした。原発の安全はすでにダモクレスの剣となって人類社会の頭上につり下がっている。アメリカの雑誌『フューチャリスト』は次のように予測している。2030年には、多くの資源が甚だしく不足し、人々のエネルギー、特に電力に対する需要が急激に膨らみ続ける。原子力発電はあっという間に石油との戦いに打ち勝ち、たぶん全世界に提供する電力を現在の16%から30%まで増やしている。結局、原子力発電の発展は必要なのか必要でないのか。

最も根本的なことは環境保護と資源の角度から検討することだ。

それぞれの国は自分たちの資源状況に基づきエネルギー構成を決定し、社会経済発展のニーズを満たす必要があり、国家のエネルギー安全保障問題も必ず考えなければならない。

第18課　新素材産業
【訳してみよう】
1　「新7分野」は「省エネ環境保護・新興情報産業・バイオ産業・新エネルギー・新エネルギー自動車・ハイエンド設備製造業・新素材」である。新興戦略産業の枠組みがすでに定まったことを示している。
2　「第12次五カ年計画」における新素材の計画では高性能鋼を政策的に重点サポートする品種の1つに入れているだけでなく、間もなく発表される鉄鋼業の「第12次五カ年計画」の中でも、高性能鋼を発展させることは重点中の重点である。
3　南都電源社は、基幹業務に関連するその他の余剰運転資金を使い、新型動力およびエネルギー貯蔵電池生産ライン建設プロジェクトに投資し、プロジェクト総投資額は13億元であると公表した。
4　鍵となる技術のブレイクスルーが炭素繊維産業発展のエネルギーを解き放ったので、吉林市は今徐々に完璧な炭素繊維産業クラスターを形成しつつある。
5　我が国が2009年よりレアアースに対し新しい探鉱権と採掘権許可証の交付を暫定的に停止し、そのうえ保護的な特定鉱種の採掘方法を公表したことは、採掘統一規画・総量規制・総合利用の政策を実行したものである。

【文章の日本語訳問題】
　「新素材の第12次五カ年計画」は、同期間に我が国がハイエンド金属構造材料を重点的に発展させると提起した。チタンの密度は鉄の57％しかないにもかかわらず、チタン合金の強度は高強度鋼に匹敵する。優れた耐熱・耐低温・耐腐食性を有し、「宇宙金属」「海洋金属」と称される。将来、中国の大型航空機の大量生産とチタン合金の民用構造材料分野の代替効果がチタン材料業界に爆発

的成長をもたらすことで、名実とも「第4の金属」になると期待されている。同時に、「新素材の王様」と呼ばれる炭素繊維にも関心を払う価値がある。炭素繊維は航空機製造・風力発電機の羽・海洋探査掘削・自動車構造部材・スポーツ器材・医療器械・建築補強材料等の業界で広く使用されており、21世紀の「新素材の王様」と高く評価されている。炭素繊維は戦略的新興産業の中の重要な製品で、今ますます多くの人の関心を集めている。現在、国内の炭素繊維の総生産量は年間4000トンだが、実際の生産量は2000トン足らず、自給率は20％弱であり、需要の拡がりは極めて大きい。

第19課　新世代情報技術産業　通信
【訳してみよう】
1　児童が教室の入り口で磁気カードを通すと、「良い子オンライン」システムがすぐ保護者にショートメールを送信し、子どもが無事到着したことを通知する。「良い子オンライン」にアクセスすると、リアルタイムで子どもの活動や教室内の温度・湿度を調べることもできる。
2　ブロードバンドはとてつもなく大きくかつ依然として潜在力を解き放ち続ける巨大産業をつくり上げた。中国電子情報産業の昨年の販売収入はほぼ何の懸念もなく6兆元の大台を突破した。
3　現在、チャイナモバイル社はTD-LTEの初期端末設備の購買計画を実行しようとしており、来年年末までに購買金額は2億元に達する。台湾の広達集団社・聯発科技社・宏達国際電子社などのメーカーが参入する見込みだ。
4　中国におけるIPv6（Internet Protocol version6）の推進は徐々に行うべきである。ネットワーク構築と設備のサプライヤー・事業者・付加価値サービス提供業者の自主的イノベーションと市場の育成の協調的発展に注意しなければならない。
5　将来のある時点では、多くの支援政策が続々と打ち出されるにつれ、クラウドコンピューティングの1兆元近い市場空間がゆっくりと開かれるだろう。

【文章の日本語訳問題】
　昔日のITの覇者が、僅か数年のうちにその地

位が他人の手に落ち低迷を続けている。ますます多くの個人ユーザーがコンピューターでの作業を携帯電話やタブレット端末に移しており、マイクロソフト社は史上最も厳しい試練と向きあっている。開幕したばかりの第110回広州交易会はその歴史上初めて米国館を開設し、マイクロソフト、ウォルマート、コカコーラ、ペプシコーラなどの米国の著名な企業が初めて広州交易会にお目見えし、中国のバイヤーのために世界最新の製品と技術を持ち込んだ。マイクロソフト社の展示ブースは米国館の最も目立つところを占めている。マイクロソフト社のグローバルエキスパート副総裁、大中華地域会長兼CEOの梁念堅氏は記者の単独インタビューを受けた際、マイクロソフト社はスカイプ社買収を通じソーシャルコミュニケーションネットワークに進出し、Windows 8のリリースを通じアップル社、グーグル社とスマートモバイルターミナルのコントロールシステム市場において真っ向から競争を展開しているので、転換は外部が予想しているよりも速いものとなる、と表明した。「マイクロソフト社は転換する中で回り道をしてしまったが、私はマイクロソフト社の将来にとても自信を持っている」。そのうえ中国地域の業績も外部が想像するものよりも良く、「マイクロソフト社中国地域CEOは3年しかやれないというジンクスを打ち破った」、と。

第20課　バイオ産業　医薬品
【訳してみよう】
1　国は融資ルートを広げ、条件に合致する中小のバイオ企業が中小企業ボードや創業ボードに上場するのを積極的にサポートし、条件に合うバイオ企業に国内外での上場・資金調達を促す。
2　研究内容において、人の健康を甚だしく害する重大疾病（例えば結核・腫瘍・代謝性疾患・神経性疾患と精神病・奇病など）の予防治療に差し迫って必要な薬品の臨床前研究と臨床研究を重点的にサポートする。
3　現在、200億ドル弱の漢方薬の国際マーケットにおいて、中国は僅かに3〜5％のシェアを有するだけで、その上そのうちの約70％が生薬の原料で、付加価値の高い調合済みの漢方薬の輸出は極めて僅かである。

4　動植物の新しい品種300種を育て、生産優位地域において基準化・大規模化・機械化した種子生産基地を形成し、国際競争力を有するリーディングカンパニーをつくり上げる。
5　生産額について言うと、バイオ発酵産業のバイオ製造産業に占める比率はおよそ80％以上である。2010年、我が国のバイオ発酵産業の製品生産量は1800万トンに達し、生産額は1900億元である。

【文章の日本語訳問題】
　早食い大食い式のご飯の食べ方は、体内で容易に消化不良を招き、胃腸の負担を重くし、腸管の蠕動運動速度を緩める。そのままでは消化不良により色々な腸管疾病の発生を容易に引き起こす。もし、ゆっくり食べた場合には、食べ物がよりよく消化吸収され、腸管に滞留して詰まることはない。ゆっくり食べることは食べ物の摂取量を効率よく減らし、度を越した飲食が腸管疾病を引き起こすことを避けられる。人はお腹がすいて初めて食事を採ることができるが、このときはちょうど食欲が最も旺盛なときなので、過剰な飲食が胃腸の負担となることを防ぐため、ゆっくり食べることが最良の方法である。なぜなら大脳神経が満腹感の信号を受けるには約15〜20分の時間が必要だからだ。食べるのが速い人は往々にして食べ物がおいしいかどうかを気にかけず、お腹をいっぱいにさえできればそれでいいと考えている。それと反対に、ゆっくり食べる人は選りすぐることを知っていて、栄養価の高い食べ物を自分の食卓におけるご馳走とし、食べ物のおいしさと楽しみを享受したうえに、栄養と健康を失うことがない。一挙両得であり、こんなに嬉しいことはないのだ。

第21課　ハイエンド機械設備製造業
【訳してみよう】
1　天津の先進製造業産業区は浜海新区「ハイテク産業発展軸」の中段に位置する、新区で目下建設がかなり完成している重要な産業機能区である。総計画面積は185平方キロメートルである。
2　高速鉄道の車輪は消耗しやすいモノであるため、平均寿命は僅か2年半である。我が国の高速

鉄道プロジェクトが続々着工するにつれ、高速鉄道車輪の国産化は国内企業が引き続き追い求める夢となろう。

3　建設銀行は次のことをコミットします。今後、およそグリーン成長に尽力する企業とグリーン技術・グリーン製品・省エネプロジェクトの研究開発には、建設銀行はそれに見合うグリーン貸付を提供します。

4　知能的サービスロボットは、重点的に発展させる4大先進製造技術の1つに挙げられており、教育と娯楽・先進的製造業・サービス業などの分野において広範に使用する将来性が期待される。

5　塘沽区政府によれば、総投資220億元の海上油田掘削機械設備製造基地がまもなく塘沽海洋ハイテク開発区内で建設開始される。

【文章の日本語訳問題】
　中国北車社は我が国の軌道交通機械設備製造業におけるリーダー的企業で、主に鉄道機関車車両・都市交通車両等の製品の製造・修理などの業務に従事しており、主要製品には機関車・客車・新幹線動力ユニット・貨車・地下鉄等が含まれる。現在、同社と中国南車社が業界の双璧で、2社の総合的な実力は伯仲しており、国内市場シェアの合計は95％を超えている。

　中国北車株式会社は国務院の同意を経て、国務院国有資産監督管理委員会が批准し、2008年6月26日に共同発起にて設立された株式会社である。現在同社の登録資本は83億元、本社は北京にある。中国北車社は多くの機関車車両専門の人材および他の分野の技術者を集めていて、技術開発力に優れ、多くの国家レベルの重要科学研究において成果を収めている。「第11次五カ年計画」の最初の国家科学技術サポート計画重点プロジェクトの最初の立件において、軌道交通輸送機械設備の全ての自主研究開発プロジェクトを引き受けた。

第22課　自動車　オートバイ
【訳してみよう】
1　自動車購入優遇策の終了、自動車乗り入れ制限都市の増加、合弁ブランドによるプレッシャー等の要因の影響が出るに伴い、自主ブランド車企業は新しい課題に直面するだろう、と一部の自動車メーカーが述べた。

2　リコールの主な原因は、これらの車両の真空式プッシュロッドのナットがしっかり締められていなかったため、ナットの緩みがプッシュロッドとブレーキペダルの遊離を引き起こすので、車輛を制動できなくなるということだ。

3　電気自動車には次の3種類がある。車載バッテリーだけを動力源とする純電気自動車、多くの車載動力源で動力を提供するハイブリッド電気自動車、燃料電池を動力とする燃料電池自動車。

4　自動車の購入時にはかなり多額の国の補助を享受できるが、電池交換という大きな代価が往々にして消費者に受け入れることを難しくしている。なぜならば電池の価格がややもすれば販売価格の40％余りを占めるからだ。

5　不合格の7ロットの電動自転車の製品品質問題は、主に最高速度・制動性能・完成車の品質・ペダルの遊び等の検査項目上に存在した、と品質監督部門は表明した。

【文章の日本語訳問題】
　中国はすでに2年連続で世界一の自動車生産・販売国となり、アフターサービスや修理などを主な内容とする「自動車アフター」市場は日ましに活性化し、将来この分野は自動車工業の新しい利益成長スポットになると期待される。現在、国内外の企業はこの大きな力を秘めた市場を取り囲み、配置計画を練っている。

　記者は先日瀋陽市で開催された自動車工業発展の新傾向研究討論会にて次のような情報を得た。世界の自動車工業発展の法則に従うと、アフターサービスの利益は完成車販売利益の3倍前後を占めるようになり、その潜在力は巨大である、と。データが示すところでは、2001年に世界貿易機関（WTO）に加入した後、中国自動車工業の発展はすさまじく、自動車生産量は2000年の200万台から2010年の1800万台へ増加し、自動車製造業大国に列し、「自動車アフター」市場もこの機に応じて生まれた。

　「自動車アフター」市場は自動車販売後の修理、メンテナンス、サービスおよび必要とされる自動車部品・付属品、自動車用品・アクセサリーと自

動車材料の市場である。2005 年、中国の「自動車アフター」市場の販売額は 880 億元だったが、2009 年には 2400 億元に増加した。2012 年頃には 4900 億元に増えると予想している。複合年間成長率は 26.9% である。

第 23 課　エネルギー産業
【訳してみよう】
1　我が国の半分以上の原油は国際市場から輸入したものだ。昨年、我が国の自動車販売量は 1800 万台余りに達したが、この不可変の成長はすさまじいもので、今後石油の対外依存度がさらに高まるということだ。
2　現在までのところ、我が国が建設した備蓄基地はすでに 36 日の戦略的備蓄必要量をカバーできる、と中国石化聯合会の関係者は述べた。
3　例えば、中国石油天然ガス集団・中国石化集団・中国海洋石油総公司は海外において多くの油田・ガス田プロジェクトに投資したり、それらを合併・買収したりすることに成功し、大量の権益分原油と権益分天然ガス製品を獲得した。
4　シェールガス資源開発は大量の技術・資金・人材の投入が必要で、技術に対する要求は高い。しかし中国のシェールガス開発はまだ探査を始めたばかりの段階にあり、鍵となる中核技術が不足している。
5　企業は坑道に入る鉱夫の訓練を着実に強化し、出稼ぎ農民の安全意識を本当に高め、安全技能をマスターさせなければならない。決して形式に走り、その場しのぎをしてはならず、訓練に合格しなければ、彼らを勤務につかせ坑道に入れてはならない。

【文章の日本語訳問題】
　昨日、中国政府はウェブサイトにて、新しく改訂した「中華人民共和国資源税暫定条例」を 2011 年 11 月 1 日より施行すると発表した。改訂後の条例によると、原油と天然ガスは全国で販売額の 5%～10% の資源税が徴収される。
　このことは、資源税が従量税から従価税に変わることと、新疆ウイグル族自治区での試行が全国に広まり、ついに実現するということを意味している。本件について、厦門大学中国エネルギー研究センターの林伯強主任は、これは中国石油社・中国石化社等の石油・天然ガス大手に対しかなり大きな影響を与えるのは必至で、彼らが消費者に対し転嫁しようという動機を持つだろうし、転嫁の手段はガソリン価格・軽油価格の値上げだが、転嫁できるかどうか、どれほど転嫁するのか、今後の動向を見なければならないものの、幸いにも現在ガソリン価格・軽油価格の最高小売価格は政府が決定している、と述べた。中国政府サイトは、「『中華人民共和国資源税暫定条例』の改訂に関する国務院の決定」はすでに 2011 年 9 月 21 日に国務院の第 173 回常務会議で承認され、2011 年 11 月 1 日より施行されると明らかにしている。

第 24 課　鉄鋼　非鉄金属
【訳してみよう】
1　日照基地のモデルとしての役割は、その製品の高級度と高付加価値に一定程度体現されている。漏れ伝わるところでは、その主力製品は高級板材と大口径のシームレスパイプになるとのことだ。
2　原子力の一次材料である原発エバポレータ用 690U 型パイプは、宝山鋼鉄社が自社開発に成功し、我が国の原発用基幹材料を輸入材に長期にわたり独占されていたという状況を打ち破った。この製品は人々に「負けん気製品」とたとえられている。
3　冷間圧延異形棒鋼は国内でなおかなりの市場ニーズがあり、技術・機械設備のレベルが先進的で、生産効率が高く、エネルギー消費が低い一部の新型冷間圧延異形棒鋼生産設備はやはり残すべきである。
4　中国の毎年のタングステンの消費は約 1 万トンで、もしも 40% 回収を達成することができれば、その経済効果と資源補充効果は十分にすばらしいものとなる。
5　世界の金の総生産量は落ち込み続けているが、中国の金関連の産業はずっと成長持続傾向を保っている。一部の従来からの金産出大国の生産・加工量は絶えず下落している。

【文章の日本語訳問題】
　この数日間、金価格は大幅に下落し、経済の

ファンダメンタルズには良い変化は一切なく、ヨーロッパ債務危機はますます深刻になり、米国・ヨーロッパ・中国の経済は程度の違いはあれ落ち込みが出ている。現在の価格はたぶん多くの投資家が、どうして金価格は今の市況下でリスク回避の役割を失ってしまったのかと疑問に思っている。投資家が理解する必要がある1つ目のことは、金は米ドル建てであるということ。これは、米ドルの価値が上がると金価格は即その影響を受けるということを意味している。全てのことが平等なのである。米ドルは現在急速に価値を上げている。なぜなら世界で最も安全なリスク回避手段（米国国債は世界で最も安全で流動性が最も良い資産であるが、米国債購入には必ず米ドルを使わなければならない）だからである。世界各地のリスク資産はコストにこだわることなく売りに出されなおかつ米ドルに流れており、市場における米ドルの需給関係に変化が起こっている。それゆえ米ドルはやはり一定期間値上がりするだろう。投資家が理解する必要がある2つ目のことは、金価格の最近10年における毎年の回収率は15%であり、したがって金投資における投資家の収益率はやはりかなり高いものだと言える。株式市場やその他大口商品の成績が極端に悪い状況下、市場投資家はたぶん金を現金化して他の投資方法における投資損失を補填するのに用いるだろう。

第25課　電力産業
【訳してみよう】
1　新エネルギーに関する取り上げ方は「風力発電・太陽エネルギー発電・コージェネレーション等のクリーンで高効率エネルギーの建設を加速する」というもので、以前提起された「再生可能エネルギーを大いに発展させる」とはいささか異なる。
2　シンド省政府は先日、三峡集団社とMOUにサインをした。三峡集団社はシンド省において風力発電と太陽エネルギー発電を開発し、そのうえパキスタンがインダス河流域で安価な水力発電を開発することを支援しうる。
3　現在、天威保変社はすでに超高圧交流・直流変圧器、大型水力発電・火力発電・原子力発電用変圧器および大型の移相変圧器のコア技術を手に

しており、多くの当該分野における世界の空白を埋めている。
4　水力発電・原子力発電・風力発電等のクリーンエネルギー発電への投資が電源投資に占める比率は2010年が64%だった。火力発電への投資実施額は2005年の2271億元から2010年の1311億元に急速に減少した。
5　生活用の電力使用を通常時とボトム時の2つの時間帯に分けると、そのうち、毎日8時から22時が通常時間帯で22時から翌日8時がボトム時間帯である。

【文章の日本語訳問題】
　情報によれば、今年はまだ夏の電力使用ピーク期間に入る前の3月から、我が国の一部地域でいつもより早く「電力不足」「電力使用制限」が現れた。特に9月以来、まだ10余りの省で電力供給が厳しい状況である。したがって工業・情報化省は報告の中で、来年のエネルギー供給情勢に対し依然として楽観的態度をとっておらず、そのうえ「就業全体量のプレッシャーと構造的矛盾が並存し、労働者の求人難・農民労働者の不足などの現象が長期化する傾向がある」と述べている。同時に我が国の原油・鉄鉱石・ボーキサイト・銅鉱石などの輸入依存度が等しく50%を超えているため、将来のある一定期間、輸入資源に対する依存度はなおさらに高まるであろう。また中電国際社の李小琳会長も先に行われた会議において、「改革が遅れ、石炭と電力の関係が今なお適切に調整されておらず、火力発電による毎年の巨額の損失が発電産業の積極性を著しく挫き、一部の地域では『電力不足』が現れた」と述べた。このほかに、第12次五カ年計画の省エネ・排出削減要求を受け、火力発電企業に対する環境面での要求がより高くなった。今後は、地域的な電力不足と構造的な電力不足が常態になるだろうと彼女は予想している。

第26課　食品・飲料
【訳してみよう】
1　「人には食が最も大切、食は安全最優先」。各地でいま積極的に大本から始め、生産経営者食品安全管理制度の構築を一歩ずつ整備している。

2 産地出荷許可と市場搬入許可制度をつくり上げ、食品消費の安全を確保することは、ここ数年来、各地で実効性をもって行われている監督管理措置の１つである。

3 過去10年間、国内のビール市場における買収案件は80件を超え、関連する金額は400億元を超え、大手４社がほぼ６割のシェアを占めている。

4 関連する法律法規に従い、「三品一標」の認証をパスした農作物は全て、包装をして市場に出す際に、それぞれに見合った品質安全マークと認証機関のフルネームをタグ付けしなければならない。

5 我が国の酪農農家の組織率は30％に達していない。１頭当たりの生産量の水準から見ると、世界の乳牛の平均は６トン、先進国はおしなべて8.5トンを超えるが、我が国の乳牛は僅かに５トン前後で、その差ははっきりしている。

【文章の日本語訳問題】

　食品の安全は世界的な難題であり、必ずこの現実を直視しかつ解決の方法を探す努力をしなければならない。問題解決には以下のいくつかの関係を整理し区別する必要がある。

　まず、食品安全問題と経済社会の発展段階は関係しているということ。100年余り前、米国も同じように食品の安全事故が頻発していた。都市化のプロセスが加速するにつれ、多くの農村人口が都市に流れ込み、農村の市場では自分の眼で食べ物の生産過程を確かめる場面は二度と戻らぬものとなってしまった。より高い利益を稼ぐため、企業主は食品の中へ好き勝手に色々な添加剤や代替物を加えた……。

　次に、食品の安全問題と科学技術を認知する水準は関係があるということ。科学技術の発展は大きく食品工業を変え、人々の生活の質を向上させ、いくつかの新しい問題も引き起こした。例えば、今、消費者が名前を耳にしただけでぞっとする「赤身剤（訳注：塩酸クレンブテロールなどの豚肉の赤身を増やす薬剤）」、これは当初、先進技術として海外から輸入したものだ。

　食品安全問題の解決には必ず厳格な監督管理システムに頼らなければならない。

第27課　小売　サービス業
【訳してみよう】

1 専門化した分業を深化させ、商品としてのサービスとサービスパターンのイノベーションを速め、生産的サービス業と先進的製造業の融合を促し、生産的サービス業の成長加速を推し進める。

2 中国の経営管理コンサルティング業界は多くの中小規模のコンサルタント会社を主としており、その強みはサービス方式が多様で融通がきくこと、価格が安いことおよび地域性にあり、これはまさしく中小企業が必要とするものだ。

3 外資が商業企業に投資して店舗を開設したり、外資がインターネット方式や自動販売機方式の販売事業に投資してネットワークを設立することの審査承認権限を、区制を採る市のそれぞれの経済貿易部門に委譲する。

4 フランチャイズ経営のブランドに加盟することはブランド力と市場効果を共有することができ、同時に経営管理レベルを上げ、投資リスクを下げることができるので、疑いもなくキャピタルゲインを実現し新しい事業を始める近道だ。

5 大型総合スーパーがターゲットとする顧客は家庭の主婦である。大型総合スーパーが行う低価格戦略、限られたサービス、それからセルフ式サービスは、消費者に比較的気楽でゆったりした買い物環境を与えている。

【文章の日本語訳問題】

　エコノミーホテルはサービスが限られたホテルとも呼ばれる。その最大の特徴は部屋代が安いことであり、そのサービスモデルは「b&b」（宿泊＋朝食）である。エコノミーホテルは巨大な潜在的市場を有しており、少ない資金投入・高いリターン・短い資金サイクルなど突出した特徴を具えている。最も早く現れたのは1950年代の米国で、今や欧米の国々ではすでにかなり成熟したホテル形式である。我が国のエコノミーホテルの初期の発展は1996年に始まる。上海錦江グループ傘下の「錦江之星」が中国で最初のエコノミーホテルのブランドとして登場した。21世紀に入り、色々なエコノミーホテルブランドが雨後のタケノコのように現れ急速に発展し始めた。最大規模で歴史が最も長い錦江之星に加えて、首旅酒店グ

ループと携程網が2002年に共同で投資し設立した如家快捷も急速な成長を遂げた。これ以外にも一部のローカルエコノミーホテルブランドも僅か数年で一部地域において急速な発展を遂げ、かつ積極的に全国ブランドを目指し努力をしている。

第28課　メディア　文化産業
【訳してみよう】
1　文化観光産業は文化産業の中で最も生命力とサステイナビリティを有する業態であると同時に、現代のニーズに合致した、都市の特徴を有する新しい業態でもある。
2　上海市は2015年までに文化創意産業の増加額が市全体の総生産額に占める比率を2010年の9.75%から12%前後に高めるよう努力し、その基幹産業としての重要な地位を確立する。
3　非公有制の映画会社に対し、投資審査・土地使用・財務税務政策・融資サービス・対外貿易等の分野において国有の映画会社と同等の待遇を与える。
4　アニメは子どもの代名詞ではないことを認識しなければならない。アニメの目的も単に教育ではなく、その主要な目的は娯楽であるはずだ。アニメ製品機能の画一化は我が国のアニメ鑑賞者の範囲を制限している。
5　インターネット検索エンジンは新しいバーチャル経済の形態を代表している、それはすなわち「検索力経済」である。その特徴は、受け手が受け身で情報を目にするという以前の形から主体的に情報を検索するというように変わっていることである。

【文章の日本語訳問題】
　文化産業は新興の有望産業として、各国の経済発展においてますます重要な地位を具え、同時に文化の発展と人々の幸福な生活水準に影響する最も大事な要素にもなっている。幸福は人類の行為の究極の目的で、レベルと境地の区分があり、レベルや境地が高くなればなるほど幸福感は強く、社会と人それ自身が共に発展することが、幸福の度合いを上げるために必ず通らなければならない道である。経済は生活を豊かにする柱である。文化は生活を幸せにする支えである。経済と比較すると、文化の特殊性はその本質的目的が人それ自身にあるということで、人の存在を最適化することが文化の根本的使命である。文化は人を変え社会の発展モデルも変える。よって、それは人類が幸福度を上げる本源的な基礎である。文化と経済の結合したものとして、文化産業は人の精神的ニーズをひたすらに目指しており、個人の楽しみあるいは幸福との間にはある種の必然的な結びつきが存在している。その発展方向は直接的に文化ないし人類の未来に関係している。人々の幸福に関心を払い、人々の幸福度を上げることが文化産業発展において回避してはならない責任・使命である。

第29課　航空　観光
【訳してみよう】
1　2015年までに、全国の輸送用空港総数は230カ所以上に達し、中国の総需要の94%、人口の83%、県レベルの行政単位の81%をカバーする。
2　「ファームステイ」は新しく流行している観光レジャー形式で、農民が都会の現代人に提供する、自然回帰によって心身のリラックス・精神の悦びを得る一種のリラックスツアーの方式である。
3　高速鉄道用切符も航空券と同じように割引や値下げをし、「飛行機式のサービス」を約束し、高速鉄道は立ち席切符を売らないと断言するか、あるいは少なくとも立ち席切符と座席指定券の価格を分けて決められるよう検討することはできないだろうか。このことについて、我々は期待しても良いのではないか。
4　春秋航空社の飛行機は全て改装したものだ。A320の飛行機の場合、他社は120～150席だが、ここは180席である。これはスペースが狭いことを意味している。したがって春秋社を選んでしまったら、「快適さ」を言い出してはならないのだ。
5　大切なことは信用があり評判のよい旅行会社を選ぶことであり、ごく一部の悪徳業者のために全ての旅行会社に対して偏見を持つことがあってはならない。だまされる情況に遭った場合には、現地の観光を主管する部門に苦情を申し立てできる。

【文章の日本語訳問題】
　中国において、本当の意味での農村観光は1980年代に始まった。それは特殊な観光による貧困救済政策の指導の下、機運に応じて生まれた。しかし、始まったのがかなり遅かったため、現在もなお初期的段階にある。現在我が国各地の農村観光開発はおしなべて観光・視察・学習・レジャー・休暇・娯楽が一体となった総合型に向かって発展している。そのうち、国内旅行客の参加率とリピート率が最も高い農村観光のアイテムは次のようなものである。「農家に泊まり、農家の料理を食べ、農作業を行い、農家の喜びを分かち合う」という内容の民俗風情観光。各種農作物の収穫を主な内容とする就農収穫観光。民間の伝統的祭りを内容とする村祭り観光。これらのことから分かるように、「ファームステイ」観光は農村観光の1つの形式で、伝統農業と観光業が結合し生まれた新しい観光のアイテムである。我が国の「ファームステイ」が最初に生まれたのは四川省成都市で、その後、成都平原全体へ、四川盆地へ、全国へと発展した。「ファームステイ」と命名した正真正銘の農村観光は1987年、レジャーの都——成都市郊外の竜泉駅書房村で行われた「桃の花祭り」から始まった。

第30課　物流
【訳してみよう】
1　総資産100億元を超える総合型物流本部企業数社・総資産50億元を超える機能型物流本部企業数社・総資産10億元を超える成長型物流本部企業数社を育成する。
2　西郊外地区に、対象が長江デルタ地域ないしは全国に及ぶ農作物交易センターをつくり、各地の特色ある農作物をここに常に並べて直売することができるうえ、卸売取引と物流配送という強大な機能でこのセンターをサポートする。
3　国家発展改革委員会の情報は、我が国の食品業界のコールドチェーン物流の年間需要量だけでちょうど1億トン前後、年間成長率8％以上、ということを示している。我が国のコールドチェーン物流時代はすでに到来していると言える。
4　台中市から厦門市までの直行貨物船は速くて便利であり、厦門市から蘇州市までの鉄道輸送もまた長江水運と比べ量が多く安定しているという利点を持っていて、「台中—厦門—蘇州」の海陸複合輸送はすぐに企業の新しい選択肢になった。
5　マウスを軽くクリックすると発注できてしまい、どんなに多くとも宅配便費用を払うだけである。しかしながら消費者が手間を省く代価は、プレッシャーを全て物流に転嫁してしまうことだ。規模がますます大きくなるネットショッピングに直面して、物流はいかに対応するか。

【文章の日本語訳問題】
　世界的な小売業大手のウォルマートの冷蔵コンテナLCLカーゴ輸送の話になると、人々がまず思いつくのはウォルマートのドライカーゴコンテナ配送ネットワークの優れた効率である。1995年以来、米国と世界各地に分布するハイパーマートの食品・雑貨販売量が年々急速に成長したため、水産物・肉製品・乳製品・急速冷凍食品など日常の鮮度保持された食品のシェアが絶えず拡大した。全世界の食品マーケットの動態変化を常にじっと見すえているウォルマートはすぐに状勢に応じて投資を拡大した。ウォルマートは2012年までにさらに4億～5億ドルの投資拡大を行い、社内の冷蔵コンテナLCLカーゴ業務のチームをいっそう拡充する。そのドライカーゴコンテナ輸送業務を最適化すると同時に、同社が経営管理する冷蔵コンテナLCLカーゴ輸送業務を世界的範囲においてスピードを上げて伸展させ、そのモデルを遠洋貨物船・タグボート・コンテナトラック・航空輸送を含む範囲に波及させる。米国と世界各地に分布するウォルマートの地域コミュニティスーパーの食品・雑貨販売エリアの面積は通常8000平方フィートを下回らない。

著者紹介

王恵玲　　　上海財経大学教授
盧恵恵　　　上海財経大学助教授
三潴正道　　麗澤大学教授
金子伸一　　麗澤大学非常勤講師

執筆担当

概要・テキスト選定・日本語訳例・巻末付録：金子伸一
訳してみよう：王恵玲
関連語句：金子伸一・王恵玲
コラム：三潴正道・王恵玲
練習問題と解答・文章の日本語訳問題：盧恵恵
研究テーマ例：三潴正道・王恵玲

ビジネス中国語読解力養成システム
ビジネスリテラシーを鍛える中国語Ⅰ
―論説体長文読解力の養成と経済・産業政策理解―

| 検印省略 | ©2012年3月31日　初版発行 |

著　者　　　三潴正道・金子伸一・王恵玲・盧恵恵

主編者　　　　　　古屋　順子（ともえ企画）

発行者　　　　　　原　雅久
発行所　　　　　　株式会社　朝日出版社
　　　　〒101―0065 東京都千代田区西神田 3-3-5
　　　　　　電話（03）3239-0271・72（直通）
　　　　　　　http://www.asahipress.com
　　　　　　振替口座　東京 00140-2-46008
　　　　　　　　　　　倉敷印刷

乱丁、落丁本はお取り換えいたします
ISBN978-4-255-00646-8 C0087